Beltz Taschenbuch 66

Über dieses Buch:
In einer Zeit der Krisen und Umbrüche und der zunehmenden politischen Radikalität von Rechts sollen »Werte« unsere Verhältnisse stabilisieren und ins Lot bringen, was Politik und Gesetzgebung, Wissenschaft und Technik ungeordnet lassen. Das soll durch »Werteerziehung« geschehen – also an den Kindern und jungen Menschen, während die Welt der Erwachsenen im wesentlichen so bleibt, wie sie ist.
Hartmut von Hentig plädiert statt dessen für eine taugliche Erziehung – die es freilich nicht geben kann, ohne daß man eine Vorstellung vom Guten Leben hat, von der »besseren Welt«. Er beschränkt und umgrenzt die Zuständigkeit der Pädagogik, was die Frage nach den Werten angeht, und gibt ihr gleichzeitig deutliche Maßstäbe an die Hand.
Wer die kommende Generation auf die Zukunft vorbereiten will, muß ein klares Bewußtsein von den schwierigen Aufgaben unserer Gesellschaft haben. Mit diesen beginnt das Buch; mit einer Prüfung der Zuständigkeiten und Verfahren der Pädagogik fährt es fort; es schließt mit einem Ausblick auf zwei weitere beteiligte Instanzen, die Politik, verwirklicht in der parlamentarischen Demokratie und die Religion, vermittelt im schulischen Unterricht. In einem Nachspiel nimmt es die Eingangsfrage – was wir wollen sollen – in eine andere Frage mit auf: was wir wollen wollen.

Der Autor:
Hartmut von Hentig, geb. 1925, Professor emeritus für Pädagogik an der Universität Bielefeld, war bis 1987 Wissenschaftlicher Leiter der Laborschule und des Oberstufenkollegs des Landes Nordrhein-Westfalen.
Als Beltz Taschenbuch erschienen zuletzt seine Essays »Bildung« und »Kreativität«.

Hartmut von Hentig

Ach, die Werte!

Ein öffentliches Bewußtsein von zwiespältigen Aufgaben

Über eine Erziehung für das 21. Jahrhundert

BELTZ
Taschenbuch

Besuchen Sie uns im Internet:
www.beltz.de

Beltz Taschenbuch 66
2001 Beltz Verlag, Weinheim und Basel

Lizenzausgabe mit Genehmigung des Carl Hanser Verlag München Wien

Umschlaggestaltung: Federico Luci, Köln
Umschlagillustration: Image bank, Frankfurt
Satz: Fotosatz Reinhard Amann, Aichstetten
Druck und Bindung: Druckhaus Beltz, Hemsbach
Printed in Germany

ISBN 3 407 22066 9

Dem Freund und Lehrer
Carl Friedrich von Weizsäcker gewidmet

Inhalt

Präludium

Man ruft nach Werten

An dem Tag, an dem ich das Diktat dieses Buches beendete (am 15. April 1998) meldete die *Frankfurter Allgemeine Zeitung*, Bundesbildungsminister Dr. Jürgen Rüttgers habe gefordert: Die Schule müsse wieder Werte vermitteln. Aus welchem Anlaß? Was stellt sich der Politiker, was das Publikum darunter vor? »Wieder« – wie, wann? »Werte« – welche? »Vermitteln« – wie geht das zu?

In derselben Ausgabe der *Frankfurter Allgemeinen Zeitung* fand ich gleich eine Antwort auf die letzte Frage – in der Form eines Zitats aus einem eben erschienenen Buch von Klaus Dehner, »Die Lust an der Moral«: »Das wichtigste Mittel, um auf eine höhere moralische Stufe zu gelangen, ist die Plus-Eins-Methode. Der Lehrer argumentiert immer eine Stufe über derjenigen, auf der sich der Adressat befindet, wodurch eine Weiterentwicklung des moralischen Urteilsniveaus stimuliert werden soll.« Die Antworten auf die voraufgehenden Fragen sind nicht weniger »quick«. Man findet sie täglich in allen Zeitungen. Ich muß sie nicht zitieren, sie sind uns geläufig – Konfektion.

Ach, die Werte! Und, ach, deren flinke Vermittler! Einer, der sich für die Pädagogik, diese notwendige und unvollkommene, diese ungeliebte und tunlichst bescheidene Tätigkeit verantwortlich fühlt, muß sich in beiden Richtungen behaupten: gegen die wahlkämpfenden Bildungspolitiker und gegen die didaktischen Hexenmeister. Woher nimmt er die Hoffnung, daß er das kann? Woher vollends die Erwartung, es werde jemand ernstlich weiterlesen und mitdenken, wenn aus dem knappen Imperativ und dem bequemen Rezept eine schwierige, gar zwiespältige Daueraufgabe gemacht wird – auf hundertfünfzig Seiten »Komplexitätsvermehrung«, als sei das gegenwärtige Erziehungs- und Bildungsgeschäft nicht schon verwirrend und halsbrecherisch genug?

Heutige Pädagogen müssen in der Tat sehr robuste Leute sein – nicht in erster Linie der heutigen Kinder wegen, sondern weil die Öffentlichkeit so widersprüchlich urteilt, klagt, fordert, wo immer es um Lehren und Lernen geht.

- Man verlangt Erziehung, die man pleonastisch »Werteerziehung« nennt, in Schulen, die man als Unterrichtsanstalten erfunden und organisiert hat und denen man weder den Erfahrungsspielraum noch die Zeit einräumt, die für das Lernen am Fall, am Vorbild und an den Folgen nötig sind. Man betreibt vielmehr die Kürzung der Gymnasien auf zwölf Jahre und auch sonst (aus Kostengründen) allerlei Taylorisierung der Schule. Vor allem aber: Man glaubt von vornherein nicht an den Erfolg einer solchen Werteerziehung. Man fordert nicht etwa, daß nun auch die Lehrer diese lernen sollten, sondern: »Wir müssen in die Ausbildung unserer Lehrer ein Konflikttraining einbauen.«[1]
- Man erhofft sich die Heilung gesellschaftlicher Übel durch einen Wertekonsens und trägt der Schule auf, einen »allgemein anerkannten Wertekanon« zu vermitteln, – und hat nicht einmal einen

»Konsens ... darüber, was Schule eigentlich leisten soll«.

- Man erwartet »Leistung«, nicht nur weil Untersuchungen beweisen, wie weit deutsche Schülerinnen und Schüler in bestimmten Fächern hinter denen anderer Länder hinterherhinken, sondern weil Lernen anstrenge – und eben solche Anstrengung müßten die Schüler lernen; aber in vielen Schulen gehen die Lehrer aus schierer Notwehr verständnisvoll auf die Kinder ein (in anderen tun sie es in der Tat aus der Überzeugung, daß freiwilliges Lernen Freude mache und dann auch am meisten bringe – und halten dies nicht für eine »reformpädagogische Marotte«).
- Man pocht auf »Grundlagenwissen« (ein verspätetes deutsches *back to basics*), holt aber gleichzeitig die »Schulen ans Netz«, dessen Auskünfte das genaue Gegenteil von »grundlegend« und »allgemein« sind.
- Man tadelt »frühes Expertentum« und regt im nächsten Absatz die Einführung eines »bundesweiten Bildungs-Controlling« an, also eine Erfolgskontrolle durch »Leistungsvergleich« und »Zentralprüfungen«, das heißt, man hofft auf meßbare Steigerung des Fachwissens und -könnens.
- Man meint, die Schule müsse der Gesellschaft zu der nötigen Führungsschicht, »Elite« genannt, verhelfen, also die begabten Schüler dafür rechtzeitig auslesen, diese von den sie behindernden anderen trennen; aber man sagt weder, wie sich die Ausgewählten unter sich in den »Schlüsselqualifikationen« üben können, die auch sie benötigen: in der Kunst, »sich mit anderen – das heißt von ihnen ver-

schiedenen – Menschen auseinanderzusetzen«, in Kommunikationsfähigkeit und Toleranz, in Hilfs- und Verantwortungsbereitschaft (lauter vom Bundesinstitut für Berufsbildung festgestellten Erwartungen der Arbeitgeber an ihre Bewerber), noch sagt man etwas darüber, was mit den Nichtausgewählten geschehen solle.

- Man wiederholt unablässig, die dreißigjährige Reform (das klingt wie »Dreißigjähriger Krieg«) sei »gescheitert«, hält aber unbekümmert, nein, mit Eifer an den Ergebnissen fest: an einem Gymnasium, das bis zu 50 Prozent aller Schüler eines Wohnbezirks in sich versammelt statt der einst 5 Prozent, an einer Abiturientenquote von fast 30 Prozent, an der Ganztagsschule, die, wo es sie gibt, einem die Kinder bis 17 Uhr abnimmt, an der Erfolgsbilanz der Mädchen, an der Reduktion der Fächer, die für den Abschluß ausschlaggebend sind (in meiner Schulzeit 12, heute 4 bis 5).
- Man gewährt den Schulen – endlich! – die seit langem geforderte größere Autonomie und erfährt nun, daß keiner sie recht will, weil sie Umlernen, schwierige Einigungsprozesse, das Aufkommen für die Folgen einschließt (wie das Wort »Verantwortung« zu übersetzen wäre).
- Und alle klagen über einen, nein, den Reformstau, als stünden bedeutende neue Konzepte in großer Zahl zur Beseitigung der bekannten Nöte bereit, es verwehre aber irgendwer oder irgend etwas ihre Verwirklichung; in der öffentlichen Diskussion finden die Pädagogen nur bildungspolitische Ladenhüter und ihre eigene Ratlosigkeit wieder.

Das Ergebnis sind verzagte Lehrerinnen und Lehrer,

aufgebrachte Eltern, gleichgültige oder zynische, uneinholbar entfremdete oder zum Verzweifeln angepaßte Schüler und Schülerinnen.

In dieser Lage sollte keiner mit einem *masterplan* auftreten oder auch nur hoffen, mit dieser oder jener Forderung sei irgend etwas zu bessern. Wer helfen will, muß Beruhigung schaffen, indem er die Aufgaben überschaubar und verfügbar macht, ohne sie zu verkleinern oder sie zu verklären; er muß, indem er bedrohliche Forderungen abwehrt, vernünftige Selbsteinschätzung und Zuversicht ermöglichen. Wie bei der »Kreativität« oder dem »Multikulturalismus« oder der »Medienkompetenz«, für die die Schule aufkommen soll, so muß auch bei der »Werteerziehung« in erster Linie so etwas wie eine Entzauberung, eine Ernüchterung vorgenommen werden.

Es geht um eine uralte Sache: Die jungen Menschen müssen die Tauglichkeit der Tugenden *erfahren*, die wir ihnen ansinnen. Sie müssen die Werte an dieser Erfahrung bewußtmachen. Anlaß und Ausgangspunkt hierfür sind die Aufgaben, die unser geschichtliches Leben uns stellt. Wir müssen sie im doppelten Sinn des Wortes wahrnehmen.

Von diesen Aufgaben handelt Teil I dieses Buches: von den alten, uns aus der Geschichte mitgegebenen Erwartungen und von der Unsicherheit, dem Übermut oder dem Gefühl des Bedrohtseins, die uns angesichts der sich beschleunigt wandelnden Verhältnisse befallen, radikaler: angesichts dessen, was man als »die Zukunft« ausgibt, nämlich der hochgerechneten technischen Neuheiten und ihrer wirtschaftlichen, sozialen und politischen Folgen. Wo immer die Menschen nun vor diesen bocken und scheuen, macht man einen »Werteverlust« oder »Werteverfall«, ja, einen »Werteverrat« aus. Können die Leute nicht, bitte, so ruhig, ordentlich, strebsam, gemeinwohlorientiert und grundgesetztreu bleiben, wie sie es bisher waren?

Anschließend, in Teil II, prüfe ich, ob die Pädagogik hierfür überhaupt zuständig ist und schildere – da sie die Aufgabe längst geschultert hat – ihre Hemmnisse und Hemmungen.

In Teil III mustere ich die Mittel und Verfahren der Pädagogik für die eigens geforderte »Werteerziehung«; da geht es erst um die Kategorien und Ordnungen, dann um die Praxis, das »Kleingedruckte« einer Wertedidaktik. Die Werteerziehung gibt es ja längst, aber sie wird entweder nicht ausdrücklich so genannt (sonst riefe man nicht nach ihr), oder sie greift tatsächlich nicht, dann muß man den Ursachen nachgehen.

In Teil IV gehe ich auf die Institution ein, durch die das Gemeinwohl geklärt und bestimmt werden sollte: die parlamentarische Demokratie. Sie ist die wichtigste Bedingung unserer gesellschaftlichen Ordnung, ihr liegen zugleich die Mehrzahl der die Pädagogen beschäftigenden Werte zugrunde. Die Unstimmigkeiten vornehmlich der Rolle, die wir dem Parlament zuschreiben, verhindern beides: daß die (jungen) Bürger Zutrauen in diese politische Institution fassen und daß die Gemeinschaft, die Polis, sich der pädagogischen Institutionen gebührend annimmt.

In Teil V behandele ich – kurz – das Verhältnis von Religion, Ethik und Philosophie. Das Thema Religion als Ursprung von Werten und Religionsunterricht als Instrument einer »Werteerziehung« fordert ein eigenes Buch; ein solches habe ich vor sechs Jahren geschrieben

– mehr freilich zur Klärung von »Glaube« (den ich für nicht lehrbar halte) und »Unglaube« (in dem die Pädagogik die jungen Menschen allein / im Stich läßt).

In einem »Nachspiel«, gleichsam einer kleinen Fuge in c-Moll, mahne ich neben den überkommenen Aufgaben und den sich vollziehenden Entwicklungen unseren bewußten und begründeten Willen an. Was für eine Welt wollen wir? Diese Frage dürfen wir weder offenlassen – dann übernehmen der »Trend« und die »Notwendigkeit« die Regie –, noch dürfen wir unsere Vorstellungen vom Guten Leben den Mitteln und Verhältnissen opfern. Beides haben wir Deutschen in der Geschichte dieses Jahrhunderts getan – mit abscheulichen Folgen.

I.
Das Maß der Bemühung
Die ererbten Aufgaben und die neuen »Verhältnisse«

Der Ruf nach »Werteerziehung« kommt nicht von ungefähr, und er kommt von vielen, recht verschiedenen Autoritäten. Neben dem schon zitierten ehemaligen Bundesbildungsminister hat der Bundespräsident Roman Herzog im November 1997 in einem Vortrag über die Aufgaben der zukünftigen Bildung vor allem »mehr Entschlossenheit zur Werteerziehung« von den Pädagogen gefordert (Herzog, S. 1001). Am 1. September 1997 hat der InterAction Council, ein Zusammenschluß von vierundzwanzig *elder statesmen* aus der ganzen Welt, dem Generalsekretär der Vereinten Nationen ein Dokument vorgelegt (federführend war unter anderen der ehemalige Bundeskanzler Helmut Schmidt), das die Autoren der »Declaration of Human Rights« von 1776 an die Seite zu stellen meinten und selber zu einer »universalen Erklärung der Menschenpflichten« (mit dem Adjektiv an der falschen Stelle) verstümmelten.[2] Seit fünf Jahren gibt es die »Erklärung zum Weltethos«, im wesentlichen von Hans Küng inspiriert und formuliert und am 4. September 1993 in Chicago vom Parlament der Weltreligionen verabschiedet.[3] In ihr nimmt sich jeder Abschnitt einen Komplex von Übeln dieser Welt vor und schließt mit der Formel: »Deshalb sollten schon junge Menschen in Familie und Schule lernen, daß ...«; hier folgt dann ein moralischer Grundsatz, eine erste Zuarbeit zur »Werteerziehung«. Anklagen wie die, von denen die Weltethos-Erklärung ausgeht – des Egoismus, der zynischen Bereicherung, Verschwendung, Verlustierung, der hemmungslosen Ausübung und Sicherung von Macht –, bringen uns die Medien täglich ins Haus, meist verbunden mit dramatischen Aufrufen. Aufrufen – wozu? Welche Antwort hat man im Sinn? Zunächst – und dies fast einstimmig! – die Herstellung einer »Verständigung über ›Grundwerte‹«. Diese macht, beispielsweise, das Hauptanliegen einer erstaunlichen »Werteinitiative '93« aus, die von Personen so unterschiedlicher Färbung und Gangart wie Konrad Adam und Daniel Cohn-Bendit, Reinhard Mohn und Jürgen Habermas, Margarethe Mitscherlich und Rita Süssmuth, Günter Jauch und Wolfgang Klafki unterzeichnet ist. Die Parteien, die »zuständigen« Interessen- und Berufsverbände, die Gewerkschaften und Kirchen sekundieren solche fast immer an die Schulen gerichteten Erwartungen – in bewußter und befriedigter Übereinstimmung mit der »Autorität« öffentliche Meinung –, als hätten sie nie Probleme mit Einheitlichkeit und Staatlichkeit im Felde der Erziehung gehabt. Vorbehalte, wie man sie vor fünfundzwanzig Jahren gegen das Forum »Mut zur Erziehung« vorgebracht hat, dessen Botschaft und imperative Form sich von den eben aufgeführten Forderungen wenig unterschied, hört man nicht mehr.

Und das liegt an den Anlässen! Wir sind durch eine kurze Nach-Aufklärung unvermittelt in die sogenannte Postmoderne übergegangen und erleben in ihr die Dialektik der ersteren, wie sie im Buche steht. Tradition und Fortschritt, die Werte und der Nutzen (*moral values* und *shareholder values*), Polis und Kosmopolis, Wissen und Information, Gespräch und Kommunikation – das sind die ja auch nicht harmlosen, aber gewohnten Gegensätze, zwischen denen das gesellschaftliche Bewußtsein hin und her zuckt. Anonymer internationaler Bombenterror und die Ohnmacht der Staatsgewalt, Kinderpornographie und Rassenhetze im Internet und die Kapitulation von Technik, Wirtschaft und Politik vor ihren eigenen Schöpfungen, Kopftuch und Kruzifix im Klassenzimmer und das doppelte Maß unserer Liberalität, unsägliche, wie die Beobachter behaupten: künstlich herbeigeführte Hungerkatastrophen und eine durch Nichteinmischung in interne Angelegenheiten gehemmte Staatengemeinschaft, geklonte Wesen, In-vitro-Befruchtung, Organhandel und die Freiheit der Wissenschaft – das sind die neuen Dilemmata, die insgesamt in schreiendem Gegensatz zu der vernünftigen modernen Lebensordnung stehen, zu dem Guten Leben, an das man hoffentlich bei guter Erziehung denkt.

Es liegt nahe, die genannten Alptraumprobleme dadurch lösen zu wollen, daß man sie der sittlichen Kraft des einzelnen überantwortet. Es sind oft weder die geeigneten Gesetze vorhanden, noch wären diese alsbald durchsetzbar, wenn es sie gäbe, noch versprechen die Verhältnisse selber eine Besserung – wie vielleicht einst die Vermehrung und Verbreitung des Wohlstands oder die Entdeckung neuer Kontinente, in die man auswandern konnte, oder die Entlastung von Mühsal durch Maschinen. Moral sollte zunächst die zur Regelung des veränderten Lebens nicht ausreichenden Gesetze und Einrichtungen ergänzen und dann die wünschenswerten Gesetze und Einrichtungen nach sich ziehen.

Das mag im Prinzip so stimmen. In Wirklichkeit muß die Moral der Mehrheit nicht weiter geweckt, erzogen, gebildet werden – die meisten Menschen haben eine Empfindung dafür, was sein sollte – »the way it should be«. Aber die einzelne Tat mildert die Not nur und beseitigt nicht ihre Ursachen; und wie man die kollektive Tat tut, weiß man normalerweise nicht. (Man sieht schon hier: Wir brauchen in erster Linie »Erziehung zur Politik«!)

Neben diese kulturphilosophische Ansicht tritt eine pragmatische Absicht. Die Zunahme der Kinder- und Jugendkriminalität liefert das unmittelbarste Argument für Forderungen an die Pädagogik. Weitere Anlässe dazu sieht man im Nachlassen der sogenannten Bindekräfte der Gesellschaft, das man seinerseits mit dem Ausbleiben gemeinsamer Nöte oder Feinde, mit, wie es heißt, übertriebenem Individualismus, mit Relativismus und Pluralismus in Verbindung bringt und all dies mit dem, was man einfach den »Zustand« der heutigen Welt nennen könnte. In der Kapitelüberschrift heißt das – ebenso amorph – die heutigen »Verhältnisse«, weil es zunächst keinem geprüften und artikulierten Plan entspricht: die Möglichkeit, die Menschheit atomar zu vernichten ebenso wie sie gentechnisch neu zu schaffen; die Gefährdung des ökologischen Gleichgewichts auf unserem Planeten; die Telematisierung, das heißt die potentielle elektronische Vernetzung aller mit allen in allen Situationen; die Verdrängung des Wissens durch Information; die Virtualisierung des Geldes und so fort. Auch dies legt nahe, durch geeignete Erziehung einen Menschen

»herzustellen«, der den Chancen und Gefahren dieser Veränderung moralisch gewachsen ist, also die technischen Systeme tatsächlich beherrscht und nicht nur bedient.

Das sind Anlässe für den ungeduldigen Ruf nach »Werteerziehung«. Einen Grund dafür, diese von Erziehung überhaupt zu unterscheiden, liefern sie gerade nicht. Fangen wir noch einmal an: bei einer Erziehung heute. Was setzt ihr das Maß?

Je näher das Ende eines Jahrhunderts rückt, um so häufiger und geläufiger reichen unsere Vorhaben und Maßnahmen in das folgende hinein. Man sagt nicht wie sonst »morgen« oder »demnächst« oder »in einigen Jahren«, man spricht entweder bedeutungsvoll oder gedankenlos vom »21. Jahrhundert«.

»Erziehung für das 21. Jahrhundert«, das klingt wie »Vorbereitung auf eine Reise nach Luxor« oder auf das Große Turnier der Dressurreiter, oder auf die Diplomprüfung in Pharmakologie, auf eine wenn schon anspruchsvolle, so doch absehbare und begrenzte Erwartung. Aber »das 21. Jahrhundert« ist zunächst, bis wir es aufteilen und kategorisieren, »alles«, unabsehbar und unbegrenzt – und darauf kann man nicht vorbereiten.

Wer sich zu diesem Thema äußert, muß also sagen, was er sich unter dem 21. Jahrhundert vorstellt und was davon wiederum hierher – zur Pädagogik – gehört. Das werde ich tun, indem ich einer anderen Schwierigkeit des Themas nachgehe, an die wir uns so gewöhnt haben, daß wir sie nur noch als Begleitumstand berücksichtigen. Sie wahr- und ernst zu nehmen aber könnte schon ein Teil der gesuchten Antwort sein. Ich meine dies:

Wer vom 21. Jahrhundert spricht, meint die Zukunft, ein nicht gar kleines Stück von ihr: über drei Generationen in herkömmlicher Zählung, mehr als eineinhalb Lebensspannen, zehnmal soviel Zeit, wie seit der »Wende« vergangen ist.

Die Zukunft hat drei schwierige Eigenschaften (nicht nur für den Pädagogen): sie ist (1) ungewiß; sie ist (2) gleichwohl nicht gänzlich offen, ist durch das, was »jetzt« vorliegt, festgelegt; und sie ist (3) von uns vor den nachfolgenden Generationen zu verantworten – Generationen, die uns noch nicht zur Rede stellen können.

1. *Die Ungewißheit, ja Unbekanntheit der Zukunft hat im Laufe der Geschichte* in dem Maß *zugenommen*, in dem der Wandel vom Menschen hervorgebracht wird. Daß wir die Zukunft dauernd wissenschaftlich prognostizieren und rational planen, ist kein Ausweis dafür, daß wir immer besser über sie verfügen; es vermehrt vielmehr mit dem Volumen des Menschenwerks und der Geschwindigkeit seines Ausgreifens die Unbestimmtheit des Ganzen. Wer mit vollbeladenem Sattelschlepper zu Tal fährt, läuft ein größeres Risiko und muß bessere Bremsvorrichtungen haben, als wer nur einen Handkarren zieht oder einen Lastesel geleitet. Die »Natur« (ich meine damit alles, was es gibt, ohne den Menschen) verwandelt sich langsam, nach bleibenden Gesetzen und gründlich. Das Kommen und Gehen der letzten Eiszeit (Würm) hat zehnmal solange gedauert wie die gesamte menschliche Kulturentwicklung seit dem Übergang vom Jägerdasein zum Ackerbau und dreimal solange wie die Geschichte des *homo sapiens*. Plötzliche und heftige

Naturereignisse, die uns »katastrophal« erscheinende Veränderungen mit sich bringen – Erdbeben, Sintfluten, Dürren, Orkane, Seuchen –, sind, gemessen an unserer Lebenszeit, selten und örtlich begrenzt. Von diesen abgesehen, hätte der Cro-Magnon-Mensch mühelos »wissen« können, wie das Leben in den folgenden 5000 Jahren sein werde (und wie man also leben müsse); der Ägypter Ptahotep hätte erwarten können, daß seine dem Sohn vermachten Lebensregeln in 500 Jahren noch gültig sein würden (auch wenn sich nicht vorhersagen ließ, unter welchen Herrschaftsverhältnissen); und kein Plato und kein Cato hatten das Problem aller Pädagogen der Neuzeit, daß sie auf ein Leben vorbereiten, das sie selbst nicht kennen.

Die Akkumulation und Akzeleration, die zwei allgemeinsten und wirksamsten Prinzipien unserer Zivilisation, vermehren unsere Ungewißheit durch eben das Moment, um dessentwillen wir sie schätzen und anwenden: Sie eröffnen momentan immer neue Einzelvorteile – Befreiung von diesem Zweck und jener Plage, von diesem Mangel und jener Angst – und erhöhen damit die Zahl der Faktoren und Beziehungen, die insgesamt wirksam sind. Das ist dann wie beim Autoverkehr: Je mehr Fahrzeuge sich auf den Straßen tummeln, um so größer sind die gegenseitige Gefährdung und Behinderung und um so mehr Regelung und Disziplin werden nötig; je genauer wiederum die Regelung, um so größer die Anfälligkeit für Störung: ein einziger Geisterfahrer lähmt die Fahrt von Hunderttausenden, ein liegengebliebener Lastwagen erzeugt Stau auf -zig Kilometern im ganzen Umfeld; wann ich nach Hause kommen werde, kann ich nicht mit Gewißheit sagen, nicht *obwohl* ich ein Auto, eine Uhr, einen Kilometerzähler, einen Führerschein (und also die Straßenverkehrsordnung im Kopf) habe, sondern *weil* ich sie habe – und mit mir Millionen anderer auch.

Die einen werden entgegnen, es handele sich um vorläufige Unvollkommenheiten der rationalen Systeme; Ungewißheit und damit Unsicherheit seien aufhebbar: Man werde sie durch den Einsatz immer raffinierterer Elektronik – zum Beispiel durch das vollautomatische, ferngesteuerte oder autonom operierende Auto – »in den Griff bekommen«. Andere werden fordern, *wir* müßten uns wandeln, uns den Gesetzen der ja schon in voller Funktion befindlichen Informationstechnik gründlicher anpassen: Aus *homo sapiens sapiens* müsse *homo sapiens informaticus* werden (Haefner, S. 66). Beide täuschen sich, die ersten über einen fundamentalen Sachverhalt – über die Genese und Natur von Komplexität und über deren Verhältnis zu Unübersichtlichkeit und Unordnung; die anderen über den Menschen, der unglücklich, und weil unglücklich, krank oder böse wird, wenn er sich seinen eigenen Schöpfungen unterwerfen soll.

Der Pädagoge, der diese Welt nicht »macht« und nicht »aufhält«, plädiert angesichts des ersten Merkmals der Zukunft – ihrer konstitutiven Offenheit – für etwas anderes: Wir alle, nicht nur die Jungen, müssen sie aushalten lernen. Er widerspricht damit dem allseitigen Ruf nach »Verbindlichkeit«, nach einem »Grundkonsens«, nach festen Orientierungspunkten, nach Wiederherstellung der alten Selbstverständlichkeiten – nicht weil dieser nicht begreiflich, sondern weil er vergeblich ist. Das Plädoyer für das Aushalten der Offenheit ist weder eine Beschwichtigung noch eine Zumutung, wenn wir uns klarmachen, daß uns die Ungewißheit auch Vorteile beschert und welche. Ja, durch sie haben wir überhaupt Zukunft. Nicht diese erzeugt Ungewißheit, sondern Ungewißheit erzeugt Zukunft.

Das Tier hat nur die erfahrene Gegenwart, auf die es mit eindeutigen Instinkten reagiert. Wenn die Katze auf Beute lauert, wenn der Hund seinen Herrn erwartet, ziehen sie nicht in Betracht, diese könnten nicht eintreffen; sie gehen ganz in der Antizipation auf; das Reh sieht die Gefahr nicht vorher, es wittert sie in diesem Augenblick, im nächsten senkt es den Kopf, um weiterzugrasen; eine Zukunft entsteht nicht. Ob der Igel sich auf den noch fernen Winterschlaf »freut« oder die Raupe auf das Ausschlüpfen aus dem Kokon oder die Kuh auf das Kalb, das sie gebären wird, und ob sie allesamt den Tod »fürchten«, solange er nicht unmittelbar bevorsteht, wissen wir nicht. Aber selbst wenn diese anthropomorphen Beschreibungen der gemutmaßten tierischen Regungen zutreffen, ergibt das keinen für Entscheidung offenen Spielraum, keine Vorstellung von alternativen Möglichkeiten, keine von der Gegenwart verschiedene Zeit. Dem Menschen hingegen gibt die Ungewißheit eine Chance, dem zu entkommen, was ihn jetzt beengt und quält. Sie fordert zu Entscheidung, Abwägung, selbständiger Handlung heraus, verbietet Resignation, vergällt den Fatalismus.

Über Gottes Willen, über den Gang der Natur, über die Machart und Funktionsweise der Artefakte ist Gewißheit erstrebenswert. Aber hinsichtlich unserer Lebenszwecke und gemeinsamen Lebensordnungen kann sie schädlich sein, jedenfalls bizarr und lächerlich, wie Sokrates vor 2400 Jahren zum Vergnügen seiner jungen Zuhörer demonstriert hat. Gleichzeitig hat er sich bemüht zu beweisen, wie fruchtbar und heilsam das bewußtgemachte Nichtwissen »in den wichtigsten Angelegenheiten«, der verständigen Lebensführung und der Regierung der Polis, ist. Vollends in unserer säkularisierten, sich den Notwendigkeiten der Natur entwindenden, von zahlreichen Kulturen bevölkerten Kosmopolis ist »Gewißheit« gefährlich – eine Quelle von Illusion und Rechthaberei, ein Bundesgenosse des Vorurteils und des erhofften Vorteils, ein Widersacher des Denkens. Das gilt für den einzelnen wie für das Kollektiv: »Das Angebot einer neuen Gewißheit ist das sozialpsychologische Rezept aller totalitären Bewegungen.« (Berger) Gegen solche gefährliche Volks-Gewißheit haben wir Parlamente, die institutionalisierten Verständigungsprozesse, die fortwährende öffentliche *deliberatio* und nicht zuletzt die Wissenschaft erfunden – das methodische Beobachten der Phänomene und das methodische In-Zweifel-ziehen unserer daraus gezogenen Folgerungen –, weil unser Wissen sonst zur Dummheit erstarrt. Auch die wissenschaftlich erbrachte und begründete Gewißheit bleibt eine bedingte, hypothetisch einzusetzende Erkenntnis – *true as far as it goes*, wie William James sagt, wahr (nur), soweit sie trägt: solange sie nicht falsifiziert wird. *Das* sollte sich ein Zeitalter, das sich Wissenszeitalter nennt, immer wieder bewußtmachen, damit es nicht in Wissenschaftsmagie verfällt.

Die Präokkupation mit dem, was wir alles wissen, wissen könnten und noch wissen müssen, lenkt überdies von der vorgängigen und vorrangigen Selbstprüfung ab, von der Frage, was wir vernünftigerweise wollen können. Dazu wird aus Anlaß des dritten

Merkmals der Zukunft die Rede sein. Hier mein Fazit zum ersten – in den Termini der öffentlichen Diskussion:

Wir müssen erstens den *Wert* »Gewißheit« relativieren, das heißt, ihm einen anderen Wert, den der Wahrhaftigkeit, gegenüberstellen (aufgeben kann man einen Wert nicht; wenn man es kann, war es keiner); wir müssen uns zweitens ein »philosophisches« *Wissen* aneignen: das Wissen, daß wir »in den wichtigsten Angelegenheiten« nicht wissen, und zugleich, daß wir uns damit nicht zur Ruhe setzen können; wir alle müssen drittens die *Fähigkeit* der gegenseitigen Anfechtung entwickeln. Fähigkeit zum »Dialog« sagt man heute dazu, aber das ist mir zu eingängig, zu harmlos. Was ich im Sinn habe ist: Wenn wir Täter oder Spezialisten sind – Politiker, Wissenschaftler, Erfinder, Konstrukteure, Unternehmer, sonstige Experten –, müssen wir unser Vorhaben den Fragen der Bürger und Laien aussetzen. Wenn wir Bürger und Laien sind, müssen wir den Tätern und Spezialisten hartnäckig und geduldig Auskunft abfordern. Dieser Notwendigkeit entspricht eine lernbare Fähigkeit.

Die Tugend, die man angesichts der prinzipiell ungewissen Zukunft – die alten Griechen nannten das *tyche* – benötigt, haben sie als *sophrosyne*, Besonnenheit / Mäßigung, ausgemacht. Bei den Römern wurde daraus *prudentia*, in der ja noch ein Stück Voraussicht (pro-videntia) enthalten ist, nämlich dasjenige, das uns vor falscher Gewißheit warnt. »Vorsicht« ist die exakte deutsche Entsprechung. Weil diese bei uns als »Bedenkenträgerei« (gesteigert als »Bundesbedenkenträgerei«, so der bisherige Bundesminister des Innern) verpönt würde, schlage ich »Wachsamkeit« als die geforderte Haltung vor. Das ist eine sehr unbequeme Tugend; sie dürfte nicht zuletzt den Hoffnungen zusetzen, die sich auf »mehr Wagnis«, auf »Mut zur Innovation«, auf eine plötzliche Selbstüberrumpelung der »trägen« oder »lethargischen« Nation, auf eine »Ent-Fesselung der kreativen Kräfte« richten.

2. *Die Zukunft ist nicht gänzlich offen.* Mag die Welt im Jahre 2099 völlig anders aussehen als die von 1999 – die nächsten dreißig Jahre, für die die heutige Erziehung und Bildung allenfalls vorbereitet, werden deutliche Züge der Gegenwart und damit früherer Vergangenheit tragen. (Weiter haben die Pioniere der Zukunftsforschung Ende der siebziger Jahre auch nicht vorherzusagen gewagt!) Ich zähle zunächst Merkmale unserer Gesellschaft auf, die unbestreitbar, kontinuierlich und dominant sind, nicht zuletzt weil wir sie bejahen. Einige sind sehr alt, andere noch jung. Sie haben die großen geschichtlichen Umbrüche und Einbrüche überlebt – die Fundamentalismen des Mittelalters, den Dreißigjährigen Krieg und die Pest, die großen Revolutionen und ihre ideologischen Wirbelstürme, die Weltkriege, die Ungeheuer Hitler und Stalin und den Kniefall ihrer Völker vor ihnen – oder sie sind aus diesen hervorgegangen. Ich kann sie – meist eine Verbindung von Einsicht und Einrichtung, von Lebensform und Lebensbedingung, von Überbau und Unterbau – hier nur mit wenigen Sätzen ins Bewußtsein und in ihren Zusammenhang holen. Das aber wird genügen, um sie als Vorgaben für die Zukunft zu erweisen, die wir insgesamt in den Blick nehmen müssen, und als Aufgaben, die wir verstehen und annehmen müssen, *bevor* wir die für sie tauglichen Werte

und Einstellungen, die Wissensbestände oder -formen, die allgemeinen Fähigkeiten und besonderen *skills* bestimmen. Wir müssen da nichts entdecken, wiedereinsetzen, tapfer bekennen, sondern sehen, was aus welchen Gründen in welcher Reihenfolge von uns gefordert wird, damit wir nicht das dauerhaft Wichtige zugunsten des augenblicklich Verstörenden vernachlässigen.

a) Wir leben – endlich – in einer »offenen Gesellschaft« (Popper). Wir haben Staat und Kirche getrennt und mit ihnen die zwei Reiche – *hier* die Ordnung der weltlichen Verhältnisse, die Suche nach dem Gemeinwohl, das Recht und die Aufklärung als Mittel der Befriedung, *da* die Ordnung der inneren Verhältnisse, die Suche nach dem Sinn, Offenbarung und Glaubensübungen zur Orientierung auf das Heil. Diese Figur ist die Voraussetzung für den bewußten Respekt vor der Denk- und Lebensweise anderer, den wir Pluralismus nennen und zumal dort brauchen, wo verschiedene Völker und Kulturen denselben Lebensraum teilen. Pluralismus folgt nicht automatisch aus Pluralität. Er muß als Prinzip gewollt werden; bloße Toleranz, bloße Duldung, genügt nicht für die Bewältigung der unausbleiblichen Spannungen.

b) Unser Staat ist darum eine *res publica*; er gehört keinem einzelnen und keiner Gruppe; er gehört – mit seinen Machtmitteln, seinen Ressourcen, seinen Verschuldungen und seiner Schuld – allen, die ihn konstituieren, und das heißt, sich zu ihm bekennen, ihn tragen, ihn beanspruchen, die also den gedachten *contrat social* eingegangen sind: Sie haben ihre Freiheiten eingeschränkt, um in den Genuß seiner Ordnungen, vornehmlich des Schutzes der verbliebenen Freiheiten, zu kommen. Diese *res publica* wiederum ist als Demokratie verfaßt. Das ist in unserem Fall eine besonders strenge Vorgabe, weil wir den NS- und den SED-Staat erlebt – ihnen gedient oder sie geduldet – haben und wissen, was sein muß, damit sich dergleichen nicht wiederholt: Die Macht muß geteilt sein und kontrolliert werden; die Regierungsgewalt wird periodisch zur Verfügung gestellt; es muß eine erhebliche Opposition geben; es muß, damit diese entstehen kann, Meinungsfreiheit herrschen und den Minderheiten Schutz gewährt werden; die Bürger müssen ihre Rechte und Pflichten wahrnehmen, ohne Helden sein zu müssen – sie sind der Staat, die Beamten sind dessen Diener.

c) Die Tätigkeiten der Bürger sind der Idee des *contrat social* zufolge frei – eingeschränkt durch Gesetze, die ihrerseits den Maßgaben des Grundgesetzes entsprechen müssen; tun sie das nicht, sind sie anzufechten. Die bürgerlichen Freiheiten – in Gewerbe, Handel und Verkehr, in Wissenschaft und Kunst, in Berufswahl und Berufsausübung – werden vom Staat nicht nur »gewährt«, er »garantiert« sie, und das heißt, er hat auch für die Bedingungen ihrer Wahrnehmung zu sorgen. Was die Bürger tun, wird nicht durch »weise Anordnung« gelenkt, sondern folgt dem Gesetz von Angebot und Nachfrage, reguliert durch öffentliche Werbung und öffentliche Kritik – durch Wettbewerb unter den jeweiligen Leistungen, also durch den Markt. Das gilt nicht nur für wirtschaftliche Güter. Wenn es in unserem Lande beispielsweise fast nur Universitäten des Staates gibt, dann einerseits weil er sie brauchte, andererseits weil er allein in der Lage war, das Geld für sie aufzubringen. Beides ändert sich zur Zeit – und folgt damit dem genannten Regulierungsprinzip. Den bürgerlichen Freiheiten stehen, wiederum der Idee des *contrat social* zufolge, einige im Grundgesetz ausdrücklich festgelegte Pflichten gegenüber: Erziehungspflicht (der Eltern), Schulpflicht, Wehrpflicht, Steuerpflicht, Geschworenenpflicht, dazu Melde- und Offenbarungspflichten verschiedener Art. Über ihre Einhaltung wachen wir Bürger durch die Organe, die wir dafür geschaffen haben und »Staat« nennen. Es gibt auch andere Begründungen für Markt und Staat. Aus leicht erkennbarem Grund führe ich »an der Schwelle zum 21. Jahrhundert« die von Adam Smith an und nicht die von Platon oder Karl Marx. Nach Adam Smith und seinen Nachfolgern sind die bürgerlichen Freiheiten und der Markt das beste Mittel zur besten wirtschaftlichen Versorgung der Menschen; sie sind Ursache des *wealth of nations*. Das auf dem idealen Markt (mit vollkommener Konkurrenz) waltende Gesetz des Eigeninteresses sorgt dafür, daß die erwünschten Produkte in der nötigen Zahl am geeignetsten Ort auf die rationellste Weise (Teilung und Kombination der Vorgänge) zu den niedrigsten Preisen hergestellt werden – zum Vorteil aller. Dem Staat fällt die Aufgabe zu, diesen Markt zu sichern. Aber »schon der ideale Markt bringt nur denen Vorteil, die über die nötigen Mittel zum Tausch verfügen. Der Markt kann ... nur auf *zahlungskräftige* Nachfrage (auf Kaufkraft) reagieren.« (Kessler, S. 99) Er ist »unempfindlich« für die Bedürfnisse der Mittellosen und nimmt keine Rücksicht auf künftige Generationen und auf die frei zugänglichen öffentlichen Güter (Hardin) – die Luft, die Gewässer, die Schönheit der Landschaft, die Stille. Das Gemeinwesen muß hier schützend eingreifen und stört damit natürlich die Selbstregulierung. Die Steigerung der Wettbewerbsfähigkeit durch Senkung der Steuern und Soziallasten, durch Aufhebung von Sicherheitsauflagen und Kontrollen, die Privatisierung gemeindienlicher Funktionen (Post, Telefon, Bahn, Straßenbau, Wasserversorgung, Müllabfuhr, öffentliche Sicherheit, Forschung und Bildung), das Auswandern zu anderen Produktionsstandorten mit niedrigen Lohnkosten und Steuern werden unter Berufung auf ein einseitiges, gründlich durchlöchertes, unverwirklichtes Prinzip vorgenommen und entwerten oder ignorieren den Grundgedanken des liberalen Staates: daß er ein Zusammenschluß frei tätiger Menschen ist – um einer gemeinsamen Ordnung willen, die wir Gerechtigkeit nennen und die den Frieden sichert. Wirtschaft ist eine dienstbare Tätigkeit. Wie die staatliche Verwaltung trägt sie zum Gemeinwohl bei.

d) Wir leben in unserer Kultur, unserer Sprache, unserer Erinnerung, unseren durch das Klima, die Landschaft, die Größenverhältnisse geprägten Lebensformen, die anders sind als die der Kanadier oder der Kongolesen oder der Kambodschaner, aber auch als die der europäischen Nachbarn – der Belgier oder Bosnier oder Bulgaren. Wir leben zugleich schon in der einen Welt, zwar noch nicht und hoffentlich nie in einem *global village*, aber doch innerhalb geöffneter Grenzen und mit einem deutlichen Bewußtsein von der gegenseitigen Abhängigkeit aller Nationen, Kulturen, Rassen, Regionen. Dieses Bewußtsein ist nicht nur eine Folge des Fernsehens, des Internets, des Tourismus, es kommt auch an der *hardware* unseres Alltags zu sich: an den Gütern aus aller Welt, die wir kaufen und nutzen, was sich wiederum einer anderen handfesten transnationalen Wirklichkeit – den Transport-, Währungs- und Verteilungssystemen – verdankt. Vor allem aber leben Menschen unter uns, die aus armen oder übervölkerten oder unfreien Ländern gekommen sind; mal haben wir sie gebraucht und gerufen, mal waren sie ohne unser Zutun und ohne unser Wohlwollen da, und nur ganz selten erinnern wir uns daran, daß einstmals unzählige Menschen aus unserem Land aus ähnlichen Gründen Zuflucht in anderen Ländern gesucht und gefunden haben.

e) Unsere Zivilisation ist von zwei technischen Revolutionen bestimmt, die einander im Abstand von etwa hundert Jahren gefolgt sind: erstens von der sogenannten industriellen Revolution – in ihr wurde die menschliche und tierische Arbeitskraft durch mechanische ergänzt oder ersetzt (was die Energie zum wichtigsten Wirtschaftsfaktor gemacht hat); und zweitens von der (jetzt ganz neue Stufen erreichenden) »elektronischen« Revolution – in ihr wurde den Menschen zunächst die Kontrolle und Steuerung der meisten mechanischen Vorgänge abgenommen; sie ermöglicht es seither, so gut wie alle geistigen Tätigkeiten des Menschen – vom Design bis zum Schachspiel, von der Kriegführung bis zur ärztlichen Diagnose, vom Übersetzen bis zur Verbrechensbekämpfung – durch elektronische Erfassung, Kodierung und Rekonstruktion auf Apparate zu übertragen (was, wie man sagt, »Wissen« zum wichtigsten wirtschaftlichen Faktor macht).

Die Möglichkeit der Auflösung von materiellen Vorgängen in Information ist im Begriff, unserer Zeit einen neuen Namen zu geben: Informationszeitalter. Die »technische Zivilisation« beruht gleichwohl weiter auf den Leistungen von Arbeitsmaschinen, freilich gesteigert durch die Leistungen der »Schlüssel« für die Automation. Mit anderen Worten: Der Mensch wird nach wie vor von zwei Knechten bedient werden und abhängig sein – mechanischen, die ihm die Mühsal abnehmen, und intelligenten, die ihm das Denken abnehmen. Wie bei anderen Merkmalen besteht das Erbe in einer Chance und einem Problem.

f) »Die Würde des Menschen ist unantastbar« – daß ich diesen Satz aus dem Grundgesetz zitiere, um ein »Merkmal« unserer Gesellschaft zu beschreiben, das dem nächsten Jahrhundert schon vorgezeichnet ist, werden manche recht kühn finden. Er spricht eine Forderung aus, und das zu tun ist nur sinnvoll, wenn auch Ulrike Meinhofs Gegen-Satz stimmt: »Die Würde des Menschen ist antastbar.« Wir wissen, daß er stimmt. Aber indem wir es wissen, wissen wir auch, was das ist: »die Würde des Menschen«. Man muß sie dazu nicht mit der und der Genauigkeit definieren können; es genügt ein Bewußtsein davon, das sich vornehmlich dann meldet, wenn die Würde verletzt wird; aber auch, wenn ein einfaches Beispiel oder eine bestimmte Rechtsvorschrift oder eine Dichtung sie uns vorführt: wenn Jesus von Nazareth sich nicht davon abhalten läßt, mit Menschen umzugehen, die Aussätzige oder Ehebrecher oder Zöllner sind; wenn ein Kind, vertreten durch seine Eltern, vor Gericht eine Klage führen darf oder »im Zweifel für den Angeklagten« geurteilt werden muß, oder auch ein Adolf Eichmann einen Rechtsbeistand bekommt; wenn Sophokles den durch seinen Wahnsinn gedemütigten Selbstmörder Ajas, wenn Georg Büchner den geschundenen Totschläger Woyzeck, wenn das Märchen den sabbernden alten Großvater mit liebender Achtung beschreibt.

Menschenwürde ist der Kern der abendländischen Sittlichkeit. Kants Begründung des kategorischen Imperativs ist auf diesen Begriff angewiesen. Daß der Nationalsozialismus die Menschenwürde leugnet, stellt ihn außerhalb unserer Kultur; daß der Marxismus dies nicht tut, rettet ihn für unsere Kultur. Daß Bolschewisten wie Faschisten Barbarisches getan haben, steht auf einem anderen Blatt. Man kann die Menschenwürde verletzen, auch wenn man an sie glaubt. Irgendwann wird man einsehen, was man getan hat, bereuen und wiedergutmachen. Das kann und wird der nicht, der sie weder achtet noch kennt und sie *darum* verletzt; für ihn ist seine Untat »natürlich«.

Die Würde des Menschen ist ein christliches Element in unserem weltlichen Grundgesetz. Die alten Griechen hatten es schwer, den Begriff auszubilden und konseqent anzuwenden, weil einige von ihnen schon als Sklaven auf die Welt kamen. Wer aber nicht frei war, war nach ihrer Auffassung nur ein halber Mensch. Die Würde, die uns auch in der Unfreiheit und Erniedrigung zukommt, leitet sich aus der Gotteskindschaft aller Menschen her, die der jüdisch-christliche Glaube uns zusagt. Es ist gut, aber nicht unbedingt notwendig, dies zu wissen.

Ich werde hier nicht wie am Ende des Abschnitts über die erste Eigenschaft der Zukunft Folgerungen für die wünschenswerten Einstellungen, das geforderte Wissen, die nützlichen Fähigkeiten ziehen. Das kann erst am Ende des folgenden Abschnitts geschehen, der von unserer Verantwortung für die geschilderte »Lage« handelt. Das 21. Jahrhundert zieht ja nicht als eine »fertige Sach'« ein, sondern wird das sein, was wir von Jahr zu Jahr aus dem Bestand machen.

3. *Die Zukunft, ja, auch die Zukunft muß vor der kommenden Generation verantwortet werden.* Daß wir positive Erwartungen an den »Bestand« haben, hat mir zu seiner Begründung gedient: Jene sechs Merkmale wenigstens gäbe es, sie hätten »überlebt«, weil wir sie bejahen. Aber sie sind auch gefährdet, teils weil wir sie so ernst nicht nehmen, sie falsch verstehen und schlecht verwalten, teils weil in ihnen Widersprüche und Ambivalenzen stecken, teils weil sich neue Möglichkeiten und an diese geknüpfte Hoffnungen aufgetan haben. Für die ältere – erziehende und lehrende – Generation erwächst daraus eine Verantwortung in der Form eines Bedingungssatzes: Wenn wir den Nachgeborenen eine ganz neue und bessere Welt nicht versprechen wollen, weil wir das nicht können (die ganz neue schlechtere, die »brave new world« ist herstellbar), sollten wir den guten Sinn, die geprüften und ernüchterten Versprechungen der alten Welt zu erhalten bemüht sein und die neuen Mittel und Möglichkeiten dafür einsetzen, daß das gelingt.

Mit welchen Argumenten stehen wir für die folgenden Tatbestände ein? Wie erklären wir den Jungen die »Verwerfungen« in der von uns mitzuverantwortenden Welt? (Ich behandele sie in der gleichen Abfolge wie die dazugehörigen sechs »Versprechungen« – oder Aufgaben – des voraufgehenden Abschnitts.)

a) Die offene Gesellschaft ist gleichermaßen durch Relativismus und seinen Gegenpart, einen sich auf alles erstreckenden und alle anderen Ansichten verneinenden Wahrheitsanspruch bedroht. Offen soll die Gesellschaft doch für Verschiedenes und einander Widersprechendes sein, nicht für gegenseitige Gleichgültigkeit oder verbunkerte Überzeugungen. Die eine Erscheinung bestätigt die andere: Wenn es keine letzte Wahrheit »in den wichtigsten Angelegenheiten« gibt, kann es auch keine tragfähigen gemeinsamen Entscheidungen und Ordnungen geben. Wer wird dann dem Chaos wehren? Ich natürlich oder wir, die Entschlossenen, die wir doch »wissen«, was richtig ist! Die Meinungsschwäche der einen macht die anderen zu Eiferern, zu Fundamentalisten, zu Weltbeglückern. Der *true believer* (Eric Hoffer) wiederum wird, wenn enttäuscht, zum Zyniker. Aus Menschheitsrettern werden Menschenverächter. Wenn die Zeiten kippelig sind, gedeihen beide. Es finden sich dann leicht Minderheiten, denen man für alles die Schuld geben kann; es finden sich ebenso leicht die großen Vereinfacher und heldischen Führer, denen man folgen und opfern muß.

Die offene Gesellschaft ist ein Ergebnis der Aufklärung. Die mit der Aufklärung verbundene Befreiung zur Mündigkeit wird nicht von jedem gleich verkraftet und ist vor allem nicht ein einmaliger Akt. An der richtigen Bewältigung der Folgen müssen wir alle ständig weiterarbeiten. Daß der Mensch in Glaubensdingen nun auf sich selbst gestellt ist, hat man durch

Wissenschaft, Bildung, öffentliche Moral und Gesetze einigermaßen aufgefangen und hingenommen. Daß er seine Sexualität und die daran geknüpften gesellschaftlichen Verhältnisse (Ehe, Familie, Geschlechterrolle) natürlich auslegt und auslebt, wird man konsequenterweise auch hinnehmen müssen. Aber sie sollten dadurch doch nicht verzerrt und banalisiert werden! Der Aufklärung jedenfalls kann man die Schuld für die Verrohung und Schamlosigkeit des Geschlechtlichen nicht zuschieben. Vernunft gebietet vielmehr, daß man es formt, verfeinert, kultiviert, ökonomisiert. – Wie auch immer, die Aufklärung ist nicht rückgängig zu machen. Wo man es versucht hat – vom »Mythos des 20. Jahrhunderts« bis zu David Koreshs Waco – ist's in Unmenschlichkeit geendet.

b) Die *res publica* und die Demokratie sind nicht nur durch Mutwillige und Willenlose gefährdet. Eine ihrer tödlichsten Bedrohungen ist ihre Größe. Kleine Einheiten (wie seine Vaterstadt Genf, sagte Rousseau, einer der Väter der modernen Demokratie) könnten sich demokratisch regieren; je größer der Staat, um so oligarchischer müsse es zugehen; ein Gebilde von den Ausmaßen Frankreichs verlange eine Monarchie. Die Ausweitung der bisherigen nationalstaatlichen Demokratie zu einem nach einheitlichem Recht und durch gemeinsamen Beschluß verwalteten Gebilde »Europa« dürfte mit ihr nur noch den Namen, die formalen Strukturen und einige wenige Prinzipien gemein haben. Konrad Adam, gewiß kein deutscher Nationalist, urteilt endgültig: »Die Republik dankt ab. Die Deutschen vor der europäischen Versuchung« (1998). Der französische Innenminister Chevènement sieht die Europapolitik auf einem Irrweg, auf dem die Demokratie verlorenzugehen drohe; erst hätte man den Staat Europa gründen und dann, wenn er gefestigt sei und als Demokratie funktioniere, die anderen Funktionen nachziehen müssen.

Andererseits verlieren die Nationalstaaten die Fähigkeit, die Gesellschaft sozialpolitisch zu befrieden und ökonomisch zu stabilisieren. Indem sie den Zusammenschluß vollziehen, folgen sie schon den Gegebenheiten und Geboten der globalen Wirtschaft. Aus Bürgern werden Verbraucher – und sie werden's am Ende nicht ungern, wenn ihr Nationalstaat so verarmt ist, daß von ihm nichts mehr zu erwarten ist, und so machtlos, daß er ihre Belange nicht mehr vertreten kann. »Öko-Steuer – ja, aber nur im europäischen Rahmen!« sagen die Politiker und wissen, daß sie damit diese Forderung für die nächsten fünfzehn Jahre vom Hals haben.

Eine nicht geringere Gefahr erwächst der parlamentarischen Demokratie aus einem ihrer zentralen Gedanken, nämlich: daß das Volk seine Vertretung periodisch neu wählt und damit einen Regierungswechsel ermöglicht. Gewählt wird, wer sagt, was gefällt. Ob es das Richtige, das heißt dem Gemeinwohl und nicht nur einem Teil der Bevölkerung Zuträgliche ist, vermag der Laie nur noch selten mit Sicherheit zu beurteilen. Es hätte sich in einer Debatte zu erweisen, und das wiederum müßte in dem dazu erdachten Parlament geschehen. Dort aber trägt man – unter den Augen der Öffentlichkeit – das vor, von dem man errechnet hat, wie es bei welchen Wählern zu Buche schlägt. Vor allem wer wiedergewählt werden will, studiert die Ergebnisse der Demoskopie, bevor er etwas sagt. Das Ergebnis sind einerseits markige Indikative (»Der Euro kommt«) und Plakatsprüche (»Zuerst das Land, dann die Parteien«), andererseits austarierte Koalitionsabsprachen und festgeschnürte Abstimmungspakete. Und so wird ein anderer Grundgedanke der parlamentarischen Demokratie unterlaufen: daß die komplexen Sachfragen der modernen Staatsführung wenn schon nicht vom Volk, so doch von seinen Repräsentanten kundig und von vielen Standpunkten aus erörtert werden, bevor sie zur Entscheidung kommen. Man beginnt vielmehr umgekehrt mit dem in den Schößen der Parteien Beschlossenen und nützt im übrigen die Mehrheit, die man hat. (Dieses Problem greife ich in Teil IV noch einmal auf.)

c) Die Ungleichheit nimmt auf dieser Welt und in unserem Land zu. Der Markt gleicht Arm und Reich nicht aus, weder global noch national, und der Staat begrenzt die Schäden nicht, weil er selber von den Einnahmen der Wirtschaft lebt, deren Tätigkeit er einschränken müßte – zum Beispiel um des Schutzes der Umwelt oder bestimmter ethischer Prinzipien willen. Die Bundesregierung tut nicht nichts. Aber was sagen wir Alten den nachwachsenden Jungen zu folgender Bilanz aus diesem Jahr:

»Von einer Trendwende der globalen Umweltprobleme kann keine Rede sein, im Gegenteil: Waldvernichtung, Artenschwund, Überfischung und Verseuchung der Meere, Bodenversteppung (durch Erosion, falsche Ackerbaumethoden, Versiegelung) schreiten weltweit ungebremst voran. Der klimaschädigende CO_2-Ausstoß nimmt nicht ab, er nimmt im Gegenteil heute global um 2% pro Jahr zu, und das mit steigender Tendenz (wichtigster Faktor ist mittlerweile der Auto- und Flugverkehr) und wird noch immer... nicht ernstgenommen, weil die Klimaänderung erst entfernt... und noch nicht massiv spürbar wird ... Der weltweite Energiebedarf steigt zur Zeit jährlich um mehr als 3% an. Er wird zu 78% aus fossilen Brennstoffen (33% Öl, 27% Kohle, 18% Gas), zu 5% aus Kernenergie und nur zu 17% aus erneuerbaren Energiequellen (Sonnen-, Windenergie usw.) gedeckt. (Die) zentrale Frage bei der Begrenzung des Treibhauseffekts ist also unser Umgang mit der Energie.« (Kessler, S. 83)

Die Experten sagen, die Natur sei heute »übernutzt«, und das vor allem durch uns, die Reichen. Nach Angaben der Weltbank verbraucht ein Deutscher gegenwärtig siebzehnmal soviel Energie wie ein Inder, ein Bürger der Vereinigten Staaten sogar vierunddreißigmal soviel. Die Armen wiederum können sich umweltschonendes Verhalten nicht leisten und holzen ihre Wälder ab, laugen ihre Böden aus. Die Bedürfnisse der sich entwickelnden Länder zu bremsen steht uns nicht zu. In China geht man heute noch zu Fuß oder fährt mit dem Rad, nur jeder Tausendste hat ein Auto. Bis zum Jahre 2010 soll nun, den Plänen der Regierung zufolge, jede Familie eines haben (Kessler, S. 84). Wer hilft dabei? Wer macht das Geschäft? Was haben wir damit zu tun? Kann es uns freuen?

Auch bei anderen weniger folgenreichen, aber erfolgreichen Gütern haben wir Probleme: Sie verdrängen, was »sich nicht verkauft«, nämlich nicht in der Menge und zu dem Zeitpunkt, die die rationalisierte Herstellungs- und Verkaufsweise favorisiert. Wer nach dem Bewährten fragt, erhält die Antwort, das sei nicht mehr gefragt. Das Angebot richtet sich eben nicht nach der Nachfrage, sondern nach der akuten und häufigen Nachfrage. Bücher und Zeitschriften, anspruchsvolle Filme und Dokumentationssendungen werden nicht nur an den oft nicht mehr erreichbaren Zeit- und Preisrand gedrückt, sie werden von Verleihern und Verlegern der Einschaltquote, der Best-and-shortseller-Überlegung, einer anderweitigen größeren Gewinnchance zum Opfer gebracht. Hingegen erfolgreich und damit doch nicht gut sind andere Waren: die Rauschgifte, die den Angaben der Drogenbehörde der Vereinten Nationen (der UNDCP) zufolge mit einem Umsatz von 400 Milliarden Dollar ein Achtel des gesamten Welthandels ausmachen (FAZ, 27.7.97).

d) Die Mischung der Kulturen, Rassen und Völker bereitet auch den Ländern Schwierigkeiten, die auf diese Vielfalt stolz sind. Die Menschen in ihnen haben gleichwohl eine nationale Identität, und ihre staatlichen Ordnungen haben Dauer. Sie könnten uns Vorbild sein (wenn wir einmal von dem Tatbestand absehen, daß sie ja durch *coming together* entstanden sind). Wir dagegen tun uns schon schwer mit der Vereinigung von zwei Teilen derselben Nation – und vollends mit den 8,4 Prozent Ausländern, die bei uns leben und die wir zu 90 Prozent in unserem Arbeitssystem brauchen. Die Hauptwucht unserer Abwehr trifft die Asylanten und inzwischen auch die Bürgerkriegsflüchtlinge aus dem ehemaligen Jugoslawien. Wie wird Deutschland, das die europäische Vereinigung wie kein anderes Land vorangetrieben hat, das sich alljährlich zu Millionen in andere Länder ergießt, um dort (möglichst deutschen) Urlaub zu machen, und das sich rühmt, die erfolgreichste Exportnation der Welt zu sein, weshalb es in besonderem Maße von deren Gedeihen und Wohlwollen abhängt – wie wird dieses Deutschland mit seinen regierungsamtlichen Vorbehalten, dem angeborenen Ungeschick, der unverhohlenen Ungastlichkeit gegenüber Ausländern in der immer durchlässiger werdenden Welt bestehen?

e) Außer im Mathematik- und Physikunterricht hat die Mehrheit der Deutschen offenbar keine Not mit der wissenschaftlich-technischen Welt, auf die jene beiden Schulfächer in besonderem Maße vorbereiten sollen. Daß die *scientific literacy* deutscher Schüler (die Kommunikations- und Urteilsfähigkeit im naturwissenschaftlichen Bereich), ja, daß sogar ihre *functional literacy* (definiert als minimales Verständnis hiervon) fast so schlecht ist wie die der Amerikaner, daß Deutschland hier im weltweiten Vergleich im unteren Mittelfeld liegt, scheint seinen Produkten und dem Ruf seiner technischen Tüchtigkeit freilich nicht zu schaden. Vielleicht müßte ich sagen: noch nicht. Aber wer heute produziert, erfindet, entwirft, organisiert, ging in den sechziger und frühen siebziger Jahren zur Schule. Zu dieser Zeit stand es um die einschlägigen Schulleistungen keineswegs besser als heute, und die Reformpläne waren voller Antworten auf die damals entdeckte »Technikfeindlichkeit« der deutschen Jugend. Welche Kenntnisse und Fähigkeiten braucht man tatsächlich wofür? Wann und wo sollte man sie erwerben? Auf Kosten wovon im Zusammenhang womit? Wer befindet darüber? Die Fragen, die wir uns angesichts der internationalen Untersuchung TIMSS (Third International Mathematics and Science Study, 1997) stellen müssen, könnten um vieles interessanter und schwieriger sein als die Auskünfte, die sie uns gibt. Immerhin: Die anhaltenden Klagen, wir verschliefen die entscheidenden Entwicklungen; die Tatsache, daß bei 4 Millionen Arbeitslosen etwa 200 000 Stellen im Bereich der Informationstechnik, vor allem der Software-Entwicklung, offenstehen, für die vor allem mathematische Kenntnisse nötig sind; die Feststellung von TIMSS, daß die Leistungen deutscher Schülerinnen und Schüler in Mathematik und Naturwissenschaften erheblich hinter denen der Niederlande, der Schweiz, Schwedens und Österreichs zurückstehen, gleichsam hinter denen unserer »nahen Verwandten«, scheinen zu beweisen, daß wir hier nicht so weit gehen, wie wir gehen könnten – und sollten, solange wir keine guten Gründe haben, es nicht zu tun. Es könnte uns freilich etwas anderes wichtiger sein, beispielsweise eine der anderen aufgezählten und hier genauer betrachteten Merkmale unserer Gesellschaft. Es kommt auch auf das Motiv an: Geht es darum, die Chancen zu nutzen, die eine Zukunfts- und Wachstumsbranche der nationalen Wirtschaft bietet, möchte man spontan zustimmen. Geht es um die durch sie hervorgebrachte Neue Welt, dann Vorsicht! Technische Entwicklungen setzen nicht nur der Umwelt zu, wenn man sie ungeprüft und ungehemmt walten läßt, sie können auch Kulturen »zum Kippen« bringen. Haben wir geprüft, was uns die elektronische Revolution beschert? Wollen wir wirklich, was sie von sich aus hervorbringt oder verspricht: *chat room* statt Zeitung und Gespräch; Internet statt Bibliothek; fortgesetzte Beschleunigung statt allmählicher Verlangsamung auf ein bekömmliches Maß; eine hochentwikkelte Apparatemedizin, die so teuer ist, daß nur ganz wenige sie bezahlen können, statt Einübung in gesunde, vorbeugende Lebensformen und erschwingliche gute ärztliche Versorgung für jedermann; Automaten und Roboter, die den Menschen die Arbeit wegnehmen, bevor andere Formen des Erwerbs erfunden und eingeführt sind; Hochrechnung statt gewiß mühsamer Gemeinwohl-Entscheidung; Medienmacht statt Demokratie?

Die so formulierten Alternativen sind natürlich polemische Zuspitzungen und logisch nicht zwingend, aber sie setzen in Gang, was hier gefordert ist: Das Fragen nach dem, was für eine Welt wir insgesamt wollen, und nicht nur, welche Folge hier und welches Ende da. (Ich werde in »Nachspiel« darauf zurückkommen; s. u. S. 146) Ja, ich bin sicher, daß wir uns mit jenen Bindestrich-Kennzeichnungen unserer Gegenwart und Zukunft einen schlechten Dienst erweisen: Medien-Gesellschaft, Kommunikations-Gesellschaft, Informations-Gesellschaft, Wissens-Gesellschaft, Wachstums-Gesellschaft, Risiko-Gesellschaft, Zweidrittel-Gesellschaft, Freizeit-Gesellschaft, Erlebnis-Gesellschaft, Fun-Gesellschaft, Konsumenten-Gesellschaft, Rentner-Gesellschaft; oder auch mit der Einschränkung auf ein Eigenschaftswort: die mobile Gesellschaft, die organisierte Gesellschaft, die verwaltete Gesellschaft, die optische Gesellschaft, die urbanisierte Gesellschaft. Die meisten sind schon zu Buchtiteln geworden und geben Anlaß zu umfassenden Deutungen unseres Zustands. Wir übernehmen damit das Ausblendungsverfahren – die kunstvolle Konzentration auf eine einzelne auffällige Erscheinung – in die Diagnose, mit deren Hilfe wir uns doch auch zu einer ganz anderen Sicht befähigen können sollten: zur Wahrnehmung von Zusammenhang und Proportion. Die wird schon durch die Verantwortung für das sechste Merkmal notwendig:

f) »Die Würde des Menschen« ist eine Idee. Ideen kann man nicht beschädigen oder zerstören, man kann sie nur verunglimpfen oder verschmähen oder verschweigen. Wenn eine Idee abhanden kommt, war sie schon schwach oder »krank« oder unsinnig. Ideen veralten auch, werden irgendwann überflüssig, offenbaren einen Widerspruch, den sie unbemerkt in sich getragen haben, und verfallen dann. Das alles trifft auf »die Würde des Menschen« nicht zu. Könnte es sein, daß sie uns zu anstrengend geworden ist, zuviel von uns fordert, nicht mehr verstanden wird? Manchmal trägt der häufige Gebrauch eines großen Wortes dazu bei, daß man buchstäblich nicht mehr weiß, was mit ihm gemeint ist. Darum auch hier: Behutsamkeit! Und: *Welcome to the challenger!* Der Ungläubige hält den Glauben wach, der Kritiker belebt die Aufmerksamkeit. Vollends wo man geläufig vom Menschen als »Potential«, vom *human factor*, von der »Ressource Mensch« hört und spricht, wird man am Ende nichts mit einem Wort anfangen können, welches schlicht verneint, daß der Mensch ein Mittel sei und nicht selber der Zweck.

Wie auch immer man die Würde des Menschen *begründet*, *gegründet* wird sie in der Menschenliebe. Die entsteht in der Kindheit, gleichsam mit dem ersten Lächeln der Mutter, das dem kleinen Menschenwesen sagt: Du bist willkommen, und wunderbar bist du auch! Der Ort, an dem diese kostbare Belehrung stattfindet, ist die Familie. Sie gibt das Gefühl: Wir alle brauchen einander und können einander lieben. (Die alleinerziehende Mutter des einzigen Kindes vermag diesem vielleicht eine besonders intensive Liebesgewißheit zu vermitteln, aber keine allseitige.) Um so schlimmer sind die Folgen der in der Familie versagten Liebe. Keine spätere Freundschaft, keine Bibelstunde, keine Lektüre von Erich Fromm kann das wiedergutmachen.

Es gibt, über diese sechs Vorgaben und Aufgaben hinaus, natürlich noch viel anderes, das zu hüten oder zu entfalten in unserer Verantwortung liegt: das Vermächtnis derer, die gegen Hitler und seine Tyrannei gekämpft und ihr Leben gelassen haben – die Geschwister Scholl, die Männer und Frauen vom 20. Juli, die einsamen Täter und Denker wie Johann Georg Elser oder Friedrich Percyval Reck-Malleczewen; die gewaltlose Revolution von 1989; die unerhört schöne deutsche Landschaft, die wunderbaren deutschen Weine, die treffliche Fußballnationalmannschaft. Aber man kann nicht immer über alles reden.

Ich komme zu meinem Fazit aus den Überlegungen zu unserer Verantwortung für die Zukunft. Anstelle von Listen gebotener Lernziele stelle ich Sätze auf, die die Aufgaben je mit einer Erwartung an uns, unser Verhalten, unsere Lernfähigkeit verbinden:

– Wenn unsere *Gesellschaft »offen«* bleiben soll, müssen wir fähig sein, einen Standpunkt einzunehmen und zu begründen und den Vorstellungen und Überzeugungen anderer auszusetzen, fähig, einen Wandel bei uns zu vollziehen, bei ihnen für möglich zu halten; wir müssen mit anderen Worten zu Streit und Versöhnung bereit sein; wir müssen die Mühsal der Verständigung auf uns nehmen, uns die Regel des Sokrates zu eigen machen: *e peithein e peithesthai* – »entweder den anderen überzeugen oder sich von ihm überzeugen lassen«.

- Wenn die Idee und die Wirklichkeit einer sich ordnenden Gemeinschaft, einer *Demokratie*, nicht an der Größe der politischen Einheit, an der Komplexität der Sachprobleme und an der Macht globaler Wirtschaftsverbände zuschanden und zur Farce werden soll, müssen einerseits die Funktion und die Autorität der Parlamente wiederhergestellt und andererseits den Bürgern weitere Verantwortungsbereiche eröffnet werden; wir müssen lernen, Verantwortung für die *res publica* auch in zivilgesellschaftlichen Tätigkeiten und nichtstaatlichen Organisationen auszutragen.
- Wenn die *bürgerlichen Freiheiten* erhalten und der Leistungswille und die Leistungsfähigkeit des einzelnen ermutigt werden sollen, dürfen wir nicht allein auf den Markt, seine Selbstregulierung, die *invisible hand* hoffen; wenn wir *soziale Gerechtigkeit* wollen, dürfen wir nicht allein auf den verteilenden, für alle Risiken, Pleiten, Schäden aufkommenden Staat hoffen; wir müssen geduldig an dem Ausgleich zwischen der Entfaltung individueller Tätigkeit und gemeinnützigen Auflagen und Anstrengungen arbeiten; wir müssen dazu insbesondere lernen, die gemeinsame Lebensgrundlage, den Planeten Erde, zu schonen, theologisch gesprochen: die Schöpfung zu lieben.
- Wenn wir in der *einen Welt* nicht untergehen wol-

len, wenn überhaupt geschichtliche Eigenart nicht in multikultureller Einheit auf- und verlorengehen soll, müssen wir selbstbewußte deutsche Kosmopoliten werden; wir müssen diese Lebenshaltung einüben; Europa ist hierzu unser nächstes Übungsfeld, unser gegenwärtiges ist das Einwanderer- und Flüchtlingsland Deutschland.

- Wenn wir die *technische Zivilisation*, ihre Erfindungen und denkbaren Entwicklungen zum Fortschritt erklären und diesen zum Maß unserer Bemühungen und unserer Zufriedenheit machen, verhalten wir uns »untechnisch«: Technik ist immer Instrument zu etwas; wir müssen lernen, in der technischen Zivilisation wieder nützliche, nichttechnisierte Tätigkeiten auszuüben, also lernen, daß man nicht jede Mühe durch technische Apparate beseitigen muß, um ein befriedigendes Leben zu leben.
- Wenn wir die *Würde des Menschen* ernst nehmen, werden wir, ohne es zu beschließen oder zu sagen oder auch nur zu wissen, christliche Nächstenliebe üben, säkular gesprochen: Solidarität mit dem Fremden und mit den längst nicht mehr fernen Völkern; das wird uns nur gelingen, wenn wir Freude an unseren Taten und Leistungen haben, sie nicht nur aus Pflicht und Notwendigkeit tun, sondern aus Neigung und Großmut; diese zu lernen bedarf es anderer Umstände und Einstellungen, als wir sie in der deutschen Erziehung haben.

Zur Erfüllung dieser Erwartungen genügt keine darauf ausgerichtete, »wertorientierte« und wohlinstrumentierte Pädagogik. Die von mir formulierten Aufgaben müssen in erster Linie in der Polis als Ganzer bewältigt werden. In der Familie, in der Schule, im Betrieb und in der Universität fallen sie nur als Gegenstand pädagogischer Bemühung an und werden von den Schwierigkeiten, die diese Einrichtungen selber haben oder bereiten, überlagert. Und noch bestehe ich darauf, daß alle Erziehung mit einem Bewußtsein von ihnen anfangen muß: Wer nicht an diesen Aufgaben – als Bürgerin und Bürger – arbeitet, wer ihre Notwendigkeit, ihre Versprechungen und ihre Gefährdungen nicht versteht, kann die Jungen nicht auf die Welt vorbereiten, wie sie ist, ohne sie ihr zu unterwerfen, wie sie ist. Er ist unglaubwürdig. Seine Künste und Kenntnisse haben keinen Maßstab, seine Pädagogik dient der Pädagogik, ist *l'art pour l'art*.

Das läßt sich auch anders – pragmatischer – begründen: Weil alles, was der Pädagoge tut, »in dieser Gesellschaft« geschieht und von ihr gefördert oder hintertrieben wird, vor allem aber, weil der junge Mensch sich »in dieser Gesellschaft« bewähren muß, darf, wer erzieht, nicht ohne ein klares und kritisches Bewußtsein von ihrem zwiespältigen Zustand handeln. Es genügt nicht zu sagen: Wir brauchen (mehr) Toleranz, mehr Demokratie, mehr Markt und also Leistungsbewußtsein und Selbständigkeit, mehr Sinn für unsere globale Verantwortung und mehr transnationale Solidarität, mehr Mut zur Technik, zumindest weniger Vorbehalte gegenüber dem, wovon wir längst leben, und schließlich mehr Achtung für die Menschenwürde und die Menschenrechte. Es genügt nicht, weil es nicht um eine Steigerung des geforderten moralischen Aufkommens und auch nicht um eine Addition all dieser Anstrengungen geht, sondern um *die öffentliche Wahrnehmung eines Zusammenhangs obendrein ambivalenter Aufgaben*. Es wird nichts nützen, wenn wir uns zu bestimmten Werten bekennen, ein bestimmtes Wissen kanonisieren und bestimmte Fähigkeiten ausmachen, in denen sich die kommende Generation üben soll, wenn wir uns nicht auf die Aufgaben geeinigt haben und deren Tücken genauso deutlich sehen wie ihre Unausweichlichkeit.

II.
Die Zuständigkeiten und die Verlegenheiten der Pädagogik

»Weltverbesserung«, Fachunterricht, Geschichtlichkeit

Wer die eben aufgezählten Erwartungen an die Pädagogik nicht von vornherein als Wunschdenken oder Platitüden abtut, möchte gleichwohl einwenden, mit Erziehung sei dies alles vornehmlich durch das Verbum »lernen« verbunden, weit weg von Familie und Schule, denen die Pädagogik obliegt, und sehr, wenn nicht ausschließlich, von der Gesellschaft her gedacht – von ihrem Bedarf, ihren Gebrechen, ihren Aspirationen her. Sollen die Eltern, sollen die Lehrer, sollen die Meister sich dem unterwerfen? Ist die Blickrichtung des Pädagogen nicht eine ganz andere? Ich meine, der hätte von sich aus so zu fragen:

- Was braucht ein (junger) Mensch, um in dieser Gesellschaft überhaupt frei, würdig, für andere nützlich zu leben?
- Was hat er für Gaben, die ohne Schutz und rechtzeitige Förderung nicht zur Entfaltung kommen? Und: Welche Förderung kann ich ihm zukommen lassen?
- Was davon muß die Gemeinschaft, der Staat gewährleisten? Was muß und kann der junge Mensch selber dafür aufbringen? Was sollten die späteren Nutznießer – die Wirtschaft, die Wissenschaft, die einzelnen Einrichtungen – beisteuern?

– Welches sind die geeigneten Mittel für die Erfüllung des pädagogischen Auftrags: die wirksamsten Anlässe, Gegenstände, Verfahren, Zeiteinteilungen, Orte – und welches sind die vernachlässigten Maßstäbe für den Erfolg des ganzen Vorgangs?

Pädagogik ist nicht dazu da – und hat also in ihrer Geschichte nicht gelernt –, die Welt in Ordnung zu bringen oder gar zu verbessern. Sie hilft vielmehr der kommenden Generation, in ihre Kultur hineinzuwachsen und diese zu verstehen; sie ist genötigt, diese Anstrengung für jedes einzelne Kind zu unternehmen – nach dem Maß seiner Möglichkeiten: seiner bisherigen Erfahrungen, seiner Anlagen, seiner Lebenssituation. Sie wird es darum schwer haben, einer Idee brauchbare Dienste zu leisten, die sich weit vom einzelnen und seinem Leben zu entfernen scheint: der Verzögerung oder Bekämpfung eines »allgemeinen Werteverfalls«, der Verwirklichung der Menschenrechte, der Erfüllung von Menschheitspflichten, der Entwicklung eines Weltethos. Daß die Schule solche Dienste auch anderwärts auf sich genommen hat – zum Beispiel ein Geschichtsbewußtsein zu schaffen oder der jungen Generation das Austragen einer belastenden Vergangenheit nahezulegen oder ihr eine Loyalität zu dem Abstraktum Staat einzugeben, in dem sie lebt –, rechtfertigt nicht, daß sie sich abermals überschätzt; der neue falsche Dienst vermehrt den Ärger, oder er verfällt der Gleichgültigkeit. Ja, ich sähe in der Abwehr einer »Werteerziehung« zur Eindämmung des Zivilisationsverlustes eine gesunde Reaktion der Schule, wenn sie damit ihr Geschäft von therapeutischen Ansinnen befreite. Pädagogik und Unterricht haben nichts mit Heilung zu tun. Sie gehen mit ihren

Bemühungen von den Menschen (den Kindern) und den Verhältnissen (der Gesellschaft) aus, wie diese sind. Sie reparieren kein Objekt, sie helfen einem Subjekt. Wenn dabei Mängel des Ganzen ausgeglichen werden, um so besser. Wo sie dessen Auflösungserscheinungen oder Reformbedürfnisse zum Ausgang nehmen, betreiben sie die Politik.

In den Zeitanalysen heißt es oft: Die Hoffnungen, Ziele, Ideale, Maßstäbe und damit die Vision vom Guten Leben seien den Menschen »abhanden gekommen«; aber auch: daß Egoismus, individuelle oder kollektive Selbstsucht, Klassendenken, Rassenhaß, Nationalismus und Sexismus den Menschen hinderten, »wahrhaft Mensch zu sein«, oder daß es »ungerechte gesellschaftliche Strukturen« gebe, die Ausbeutung oder Arbeitslosigkeit und damit Ablehnung der Ordnungen erzeugten, und daß falsche, einseitige Systeme und Ideologien die ethischen und spirituellen Werte aushöhlten und zerstörten. Und schließlich: Da gibt es Ärgernisse, deren Quelle die Kulturen und Religionen selber sind, indem sie ihren Mitgliedern Vorurteile, Feindbilder, unverhandelbare Ansprüche, Überheblichkeit, Abschließung und Mißtrauen gegen andere eingeben – für die jungen Menschen an Irland und Algerien, an Bosnien und am Nahen Osten erlebbar.

Das ist ein ziemliches Sammelsurium von Übeln. Sie sind gewiß nicht alle von der gleichen Instanz und mit den gleichen Mitteln anzugehen, obwohl sie alle auch mit Werten zu tun haben. Eine Zuständigkeit der Pädagogik kann man sich am ehesten dort vorstellen, wo ein Wertverlust, ein Wertverfall, ein Verschwinden der Ideale beklagt wird. Die Pädagogik müßte freilich um hier tätig zu werden, sicher sein können, daß das in der Klage Behauptete zutrifft. Hat sie das geprüft und bejaht – kann sie wissen, wie man so etwas »wiederherstellt«, ohne die Gründe für den Verlust zu kennen? Im anderen Fall: Kann sie, obwohl doch die Werte weiterhin »in Geltung« sind, so tun, als führte sie sie jetzt ein?

Die Shell-Studie[4] bestätigt immerhin: Nicht die Ideale und Werte sind geschwunden, wohl aber hat die Hoffnung auf ihre Erfüllung nachgelassen. Die pädagogische Aufgabe wäre hier nicht in erster Linie, diese Hoffnung wieder aufzurichten, sondern die Funktion von Idealen verständlich zu machen: Sie sind das eigentliche und jedenfalls wirksamste Mittel, die Wirklichkeit zu kritisieren. »So sollte es sein! Vergleiche damit, wie es ist!« sagen sie. Je schlechter die Wirklichkeit, um so mehr bedarf sie der »Ideale« und »Werte« – und umgekehrt. Daß sich die Rangfolge der Werte (Freiheit vor Ordnung z. B.) verändert oder die Priorität der Aufgaben (Wahrung der Schöpfung vor Wahrung des gesellschaftlichen Anstands z. B.), gehört zum Abc aller Sittenlehre.

Das berührt eine andere, kaum geringere Verlegenheit der Pädagogik: die Tatsache, daß die Erwachsenen selber nicht in der geforderten Ordnung leben. Ich erläutere das am allgemeinsten Fall, am nicht eingehaltenen »Weltethos«. Die Mitwirkungsmöglichkeiten der Pädagogik bei der »Instandhaltung« der Welt hängen von der Plausibilität der Anforderungen ab, die an sie gerichtet werden. Ist die in der Erklärung zum Weltethos enthaltene plausibel? Der Text behauptet, daß die großen Religionen ein fundamentales Ethos schon enthielten, das der Welt zu Frieden, sozialer Gerechtigkeit und sinnvollem Umgang mit der Natur verhelfen könne. Warum kommt dies nicht zur Wirkung? Wieso liegt unsere Welt, wie es am Anfang der Erklärung beschwörend heißt, »in Agonie«? Die Autoren sagen nur: Die Menschen lebten »noch nicht mit Herz und Tat« nach der ihnen bekannten Wahrheit. »Noch nicht«? Wer hätte länger Zeit gehabt, dies zu bewirken, als die Religionen? Woher die Hoffnung, es werde irgendwem gelingen, »die Menschen« dazu zu bringen? Was kann hier überhaupt getan werden?

Ich konstruiere hieraus einen dreifachen Auftrag:

- Pädagogik müßte in den Kindern das gemeinte Ethos (die Haltung und Tatkraft) ins Leben rufen, das in den Erwachsenen erstorben ist.
- Sie müßte dies tunlichst erreichen, ohne mit dem Weltuntergang oder einer Katastrophe oder auch nur einer dramatischen Verschlechterung der Lage zu drohen, weil das entmutigt.
- Sie müßte den Kindern verständlich machen, warum, obwohl das Ethos als Einsicht da ist, die Erwachsenen nicht danach leben, jedenfalls keinen Erfolg damit haben; und dieses Verständnis darf ihren eigenen Bemühungen nicht im Wege stehen.

Kann sie das? Das Dilemma, daß die Pädagogik in den Kindern, in der kommenden Generation etwas wekken soll, was in der alten Generation erstirbt oder vernachlässigt wird, mag den Erziehern, für deren Zeit dies zutrifft, die Aufgabe erschweren. Ganz ungewohnt kann es ihnen nicht sein. Eine wichtige *raison d'être* ihres Berufsstandes ist doch: Die Erwachsenen leben nicht so, daß die Kinder unmittelbar von ihnen lernen könnten / sollten. Sie sind bequem, undiszipliniert, wollen sich in ihren Freiheiten nicht ausgerechnet durch pädagogische Rücksichten einschränken lassen. Sie beauftragen darum *professionals* damit – Leute, die gegen Bezahlung darauf achten, daß möglichst nur erziehliche Wirkungen von ihnen ausgehen. Hier darf der Leser lachen, wenn ihm nur auch das Verhängnis der alten Pädagogik aufgeht: daß sie bis in unser Jahrhundert hinein »idealistisch« verfuhr. Von Rousseau und vollends von den amerikanischen Erziehungsphilosophen hätte sie Realismus lernen können: daß das Vorbild nicht im Perfekten zu suchen ist, sondern in der Überwindung der Imperfektion. Von Sokrates erzählt man die Geschichte, ein Physiognomiker, ein antiker Lavater, habe ihm einmal gesagt: »Ein Mann mit einem so häßlichen Gesicht wie du muß eine häßliche Seele haben.« – »Du hast recht«, soll Sokrates geantwortet haben, »und mit all der Schlechtigkeit versuche ich täglich fertig zu werden.«

Mit anderen Worten: Das Argument, daß die Erwachsenen nicht so leben, wie sie sollen, ist für den Pädagogen weniger beängstigend als die Behauptung, ihnen bedeuteten die Werte nichts mehr; oder als die Vorstellung, das Falsche, Böse, Unmenschliche sei gewollt, komme aus dem »Braukessel des ungesättigten Hasses«, habe das »Giftauge des Ressentiments« (Nietzsche, Bd. 2, S. 784f.) und genieße geradezu die eigene Abwegigkeit; oder als die Feststellung, es bilde sich eine »echte Gegenwelt« (Mark Siemons) intelligenter und vitaler, skrupelloser und sendungsbewußter Rechter, die unser Grundgesetz verachten und keine Empfindung für unsere humanistisch geprägte Kultur aufbringen wie bisher noch alle linken Bewegungen, auch die radikalen. Wo dies zutrifft, ist die Pädagogik nicht nur »gehemmt«, sie ist gelähmt, an der Erfüllung ihrer Aufgabe gehindert. Sie kann immer nur *mit* der Kultur, diesem faßbaren Zusammenhang von geschichtlichen Idealen und gesellschaftlicher Wirklichkeit, arbeiten, nicht ohne die einen, nicht isoliert von den anderen.

Wenn es hingegen heißt: den Menschen seien die Hoffnungen und Ziele und mit ihnen die Vision vom guten Leben »abhanden gekommen«; deshalb könnten sich »ungerechte gesellschaftliche Strukturen« halten, deshalb bewirkten einseitige Systeme oder die und die Ideologien Rassenhaß und Klassenkampf, Nationalismus und Sexismus, individuelle und kollektive Selbstsucht – dann könnte die Pädagogik noch gegenwirksam sein. Sie vermag durchaus Visionen zu geben, Ziele zu begründen, Ideale zu bestätigen, Kritik und Selbstkritik zu wecken, in Wachsamkeit zu üben – vorausgesetzt, die Behauptungen sind gesichert und die Ursachen bekannt. Aber sie wird gerade nicht, wie die Weltverbesserer hoffen, die »Verhältnisse« verändern, sondern nur die jungen Menschen gegen diese stärken.

Bei Rousseau war auch zu lernen, daß Pädagogik richtigerweise »gesellschaftskritisch« ist: *So* dient sie der Gesellschaft. John Dewey hat diesen Gedanken ausbuchstabiert: *Education* sei für die Gesellschaft der Erwachsenen noch wichtiger als für das Kind, weil dieser Vorgang sie nötige, sich und ihre Lebensweise, ihre Ansichten und Institutionen zu prüfen – was gut ist und also der Weitergabe wert, was schlecht ist und also den Jungen zu ersparen. Dies bedeutet gerade nicht: die »Verhältnisse« mit Pädagogik bedienen. Die Verhältnisse sind Gegenstand der Politik, des »öffentlichen Lebens«, der erwachsenen Bürger.

Gegen die »Verhältnisse«, die öffentlichen Mißstände und Torheiten muß ich als Bürger angehen, und wenn ich das tue, werden meine Kinder daran das lernen, was wirksamer ist als ihre gute kleine Tat: wie man nach seinen Überzeugungen lebt. Das ist Ethos. Nur wer für seine Vorstellungen eintritt, wird auch andere von ihnen überzeugen. Und umgekehrt: Wer selber Plastikbecher in die Gegend wirft, hat schlecht fordern, es sollten gar keine hergestellt werden.

Das berührt die Frage nach dem Ort (und in der Folge davon) der Instanz der »Werteerziehung«. Die Aufteilung »Erziehung zu Werten geschieht zu Hause, die Schule bildet durch Unterricht« wird der Wirklichkeit beider nicht gerecht – sie ist im genauen Sinn »ideologisch«. Die Eltern sind zuerst »dran«, und daß sie ihre Werte vorleben und ihre Menschen-Bildung wirken lassen (beides leider oft auch desavouieren), ist so unvermeidlich wie richtig. Wer denn sonst sollte dies in dem begrenzten Lebensraum der Kinder tun, ohne sie zu verwirren! Aber der Lebensraum erweitert sich bald um die Nachbarn, den Kindergarten, das Fernsehen, die Begegnung mit eindrucksvollen anderen Menschen und neuen erregenden Situationen. Umgekehrt sind die Schulen nicht nur bei der Übernahme der Kinder, sondern bis zum Ende (freilich in je verschiedener Weise) an der Erziehung beteiligt und für deren spätere Stadien sogar unentbehrlich. In der Schule – der größeren Zweckgemeinschaft – ist man genötigt, seine Absichten auch solchen Menschen zu erklären und ihnen annehmbar zu machen, die nicht immer »schon dabei« waren und »dazugehören« wie die Eltern und Geschwister; in ihr kann man neue Regelungen für die Lösung von Problemen suchen; in ihr wird man ein Bewußtsein von der eigenen Urteilstätigkeit und -fähigkeit entwickeln; in ihr denkt man notwendig über die

Gemeinschaft und die Gesellschaft, über ihre Zwecke, Berechtigungen und Grenzen nach. »Simple societies produce simple problems and so require less cognitive development.« (Hallpike, S. 18) Was freilich nicht heißt, daß Familien immer »einfache« Gebilde sind.

Vor allem aber: Die in der pädagogischen Provinz geachteten und beachteten Werte, die in ihr gepflegten und geschätzten Einstellungen haben dadurch noch keinen Bestand. Die Gesellschaft muß »mitmachen«: mit ihren Fernsehprogrammen und ihrem Verhalten im Verkehr, mit den Gesprächen am Abendbrotstisch und den Preisen ihrer Waren. »Bildung« ist soviel wert wie die Macht, die sie über den Gebildeten ausübt. Welche Macht hat unsere Bildung über uns? Denkt man der Frage weiter nach, muß einem elend werden. Die Schulbildung jedenfalls begleitet uns kaum in die Wahlkabine; in einer öffentlichen Debatte über den Euro oder über den Kombilohn läßt sie uns im Stich; in Fragen der Dritten Welt oder der Wiedergutmachung von Nazi-Verbrechen oder der Frage des Asylrechts und der Einwanderung beliefert sie uns mit Ausflüchten; spätestens im Milgram-Experiment wissen wir – mit der ganzen Hitlerei im Kopf –, daß sie uns nicht beherrscht. Fordere ich zuviel? Nun, von einem, der den Nationalsozialismus erlebt hat, wird man nicht erwarten, daß er vergißt, wohin eine wesenlose, nicht angeeignete Bildung führen und wovor sie nicht bewahren kann.

Die Zuständigkeit der Pädagogen für die Veränderung des Zustands der Gesellschaft unterliegt auch dieser Einschränkung: Sie können nur überzeugend lehren, was in der Erfahrung der Kinder vor- und unterkommt. Diese Bedingung gilt besonders in der

Schule, die so viele Erfahrung ausschließt, um andere, ihr wichtige Erfahrungen zu sichern. Zwar nehmen auch Kinder heute über das Fernsehen (und die Jugendlichen über Computer und Internet) an den Weltproblemen teil; sie fragen sich, warum dieses Kind in Nordkorea oder Afrika hungern muß, warum in Colombo oder Tel Aviv Bomben hochgehen, warum Türken und Kurden – für sie ununterscheidbar – Krieg miteinander führen. Sie fragen vermutlich auch: »Kann man das nicht ändern?« Und denken wohl: »Können die nicht sein wie wir? Die muß man mal gründlich belehren, und wenn das nicht hilft, durchschütteln!« Die Pädagogik kann hier nicht mit dem Zustand der Welt und mit Werten daherkommen; sie kann die Mißstände und Konflikte allenfalls bezeichnen, bewußtmachen, erklären; sie muß bei den Kleineren mit der Frage beginnen: Wo können wir (in dieser Familie, in diesem Klassenraum, in dieser Nachbarschaft) unser Brot teilen, reden statt zur Gewalt zu greifen, ordnen, vermitteln, versöhnen, trösten in einem Streit unter unseren Freunden? Bei den Größeren wird man die Sachverhalte zu verstehen suchen und prüfen, was es für Lösungen, für Widerstände und Unklarheiten gibt und welche Pannen passieren können. Und das nicht für alle zwölf Probleme, die uns von dem Titelblatt einer beliebigen Tageszeitung (in diesem Fall vom 6. September 1997) auf einmal anschreien: »Blutbad auf den Komoren«, »Öffentliche Hinrichtung in Grosny«, »Grünes Licht für Gewaltanwendung durch NATO in Bosnien«, »Abtreibung meist von Verheirateten«, »Angriff auf Asylbewerber – Die jugendlichen Täter waren betrunken«, »Israelische Kommandoaktion geht in die Falle«, »Euro nicht auf dem Rücken der Arbeitslosen« und so fort. Zwei oder drei genügen – und erlauben noch, die schwierigen, die unheimlichen Zusammenhänge zwischen ihnen zu erkennen. Auf diese Weise würde den Schülern schon ein Teil des Unvermögens der Erwachsenen verständlich, das oben (S. 54) als eine der Verlegenheiten der Pädagogik ausgemacht worden war.

Neben der Zuständigkeitsschranke, die man »Therapie« oder »Weltverbesserung« oder »die Veränderung der Verhältnisse« nennen mag und jenseits derer die Politik beginnt, muß die Pädagogik noch zwei andere wahrzunehmen lernen. Die eine besteht in der wichtigsten Wirkungsform, ihrer machtvollsten Einrichtung: im Fachunterricht der Schule. Die andere besteht in einer einfachen Lebenstatsache: im Nichtlehrbaren. Es gibt Dinge, die man erfahren muß, bevor man sie verstehen und hinnehmen kann.

Die erste dieser Schranken bezeichnet ein fundamentales Problem des heutigen Lehrers. Wann, aus welchem Anlaß denkt er über seinen Unterricht als Mittel der Erziehung nach, also über das Verhältnis von Didaktik und Pädagogik? Oder deutlicher: über den Abstand zwischen *hier* Rechtschreibung, großem Einmaleins, den Präpositionen, die den Ablativ regieren, der Geographie Südamerikas mitsamt der Mühe, die sie alle erzeugen, und *dort* der Einübung in Toleranz, dem Bewußtsein von epochal-typischen Schlüsselproblemen, der Verständigungsfähigkeit, der Verantwortungsbereitschaft in einer größeren und also abstrakteren Gemeinschaft? Dabei macht dieser Abstand doch das eigentliche Geschäft der Schulmänner und Schulfrauen aus, die Kinder in unsere komplizierte Kultur einführen sollen – in geraffter Form und also durch

Belehrung statt durch Erfahrung, Übung, *trial and error*.

Wir haben unter Fachleuten aufgeteilt, was nicht aufteilbar ist – und behaupten doch, das Ganze zu erreichen. Dies ist eine der hartnäckigsten und folgenreichsten Täuschungen der Schule – eine Berufslüge der Lehrerschaft. Ein Fachunterricht setzt immer eine Schultheorie und vor dieser eine Bildungstheorie voraus (um die sie sich dann freilich meist nicht mehr kümmert) und vervollkommnet auf manchmal ingeniöse, meistens nur umständliche Weise die Verfahren der Vermittlung ihres von der Hochschule definierten und namengebenden Faches. Sie müßte aber mit einer *philosphy of education* beginnen, die auch das eigene Fach in Frage zu stellen erlaubt, und sie müßte zu dieser in jeder Unterrichtsstunde in Beziehung treten.

Ich veranschauliche meine Skepsis ungern an »Verfehlungen«. Ich erzähle lieber die Geschichte von einem positiven Vorgang; in ihm mag deutlich werden, daß eine »Fachdidaktik« sich nicht prinzipiell dem pädagogischen Auftrag verschließt.

Meine Berufslaufbahn habe ich als Lehrer der alten Sprachen begonnen, jedoch an einem Landerziehungsheim, dem von dem Philosophen Georg Picht geleiteten Birklehof, an dem ich 24 Stunden am Tag für die mir zugeteilten Schüler da und verantwortlich war. Wenn mein Latein- und Griechischunterricht zunächst ziemlich mißlang, nahmen sie es mir nicht übel. Ihr Instinkt sagte ihnen: Interessanten Unterricht zu halten kann man lernen, wenn man die richtige Vorstellung von seiner Aufgabe hat – wenn man die Menschen stärken und nicht zurichten, die Sachen klären und nicht mit ihrer Hilfe herrschen will. (So hätten sie das natürlich nicht formuliert!) In meiner erst mehrere Jahre später durchlaufenen Referendarausbildung lehrte man ganz etwas anderes: die *tricks of the trade*, die Details der wirksamen und störungsfreien Vermittlung ohne Blick auf die Person und die Welt. Die Didaktik meines Faches war mir gottlob unbekannt, bis ich ein einigermaßen erfolgreicher Pädagoge und Lehrer war; nun konnte sie mir helfen, ein noch besserer zu werden. Jedenfalls hat mich die Konzentration auf das Handwerk nicht vorgängig von der Wahrnehmung der allgemeinen und individuellen Wirkungen meiner Tätigkeit abgehalten, wie mich umgekehrt nie eine sich Erziehungswissenschaft nennende Pädagogik über die elementaren Gesetze und Härten des Lernens zum Beispiel einer Fremdsprache erhoben hat, zumal einer, die keiner mehr spricht. Ich kann mich seither nicht zwischen dem Pädagogen HvH und dem Sachdidaktiker HvH »entscheiden«. Ich bin immer beides. Die Ausbildung des Lehrers nimmt ihm diese heilsame Unentschiedenheit. Das allgemeine Ethos lernt er von seinem Gegenstand sorgfältig zu trennen und fernzuhalten. Ein Fach hingegen, genannt »Moral« oder »Werte« oder »Menschenrechte und Menschenpflichten«, kann er sich gut vorstellen; er wird es auch bekommen – zu allem anderen hinzu; er wird die schwierigen Bedingungen, die Konflikte, die Anfechtungen des sittlichen Handelns reduziert und geordnet »lehren« und das Gelehrte »prüfen«. Richtigerweise müßte er etwas anderes tun: den Kindern die gemeinsamen Regeln des Handelns verständlich und vertraut machen, wozu er sich gemeinsamer Formen des Erkennens und gemeinsamer Beispiele zur Veranschaulichung und Begründung bedient; er müßte verhindern, daß die Schüler den *consensus* als *pactum* auslegen; seine wichtigste Erwartung müßte sein, daß er seine Schüler verständigungsfähig mache und nicht alsbald einig, was manchmal allzu leicht gelingt.

Das Primat der Lebenshilfe und die Tatsache, daß meine »Sache« nicht durch Lehrusus und nicht durch Fachwissenschaft definiert war, haben mir einigermaßen geholfen, auch durch meinen Unterricht zu erziehen. Aber auf die Dauer wäre ich dem Gesetz des Unterrichts erlegen. Nur in einer Lebensgemeinschaft – einem Internat, einem Landerziehungsheim, einer Klosterschule – kann dieser nachhaltig in das Leben hineinwirken. »Werteerziehung« verlangt nach der Schule als »Lebens- und Erfahrungsraum«, die es bei uns nur als Ausnahme gibt.

Dieser Einschränkung der Kompetenz der Schule für die ihr zugedachte Aufgabe lasse ich nun meinen letzten Vorbehalt folgen. Er bezeichnet eine innere Grenze der Pädagogik. Ich verdeutliche sie durch eine Geschichte. Sie handelt von einem »Wert«, den man weder lernen kann noch lernen muß – man wird seiner plötzlich gewahr.

Den guten heutigen Pädagogen zeichnet vor allem eines aus: daß er Unterschiede wahr- und ernst nimmt – Eigenarten, die er nicht antasten, Eigensinn, den er nicht brechen oder wegreden oder wegtherapieren darf, Eigenwillen, der Teil der Individualität ist. In einer von Systemen, Apparaten, Organisationen beherrschten Welt sind sie kostbar und gefährdet. Es gehört zum *common sense* dieses Pädagogen – zu seiner Berufsvernunft –, auch das Unvernünftige zu respektieren, wo es die Person ausmacht.

Hier nun die Geschichte, genauer eine Episode aus

Philip Roths »Eli, der Fanatiker«: In einer nordamerikanischen Kleinstadt leben Protestanten und Juden europäischer Herkunft seit mehreren Generationen friedlich zusammen. Das war nicht immer so, aber beide sind aufeinander zugegangen, haben bewußt die gegenseitigen Vorurteile, das Mißtrauen, die Abgrenzungen, die äußeren Ärgernisse beseitigt und so ein friedliches und prosperierendes Gemeinwesen geschaffen. Da treffen eines Tages siebzehn jüdische Waisenkinder aus dem von Hitler heimgesuchten Europa ein – mit einem Lehrer und dessen älterem Gehilfen –, beziehen ein Haus am Rande des Wohnviertels und leben dort abgeschlossen für sich. Die Gemeinde bekommt nur den Gehilfen zu sehen, der die Einkäufe macht. Er trägt einen Kaftan, einen breitkrempigen schwarzen Hut, einen langen, ebenfalls schwarzen Bart und lange Schläfenlocken. Diese mittelalterliche Erscheinung stört im Bild der modernen, aufgeklärten Stadt. Und da die siebzehn Kinder nicht in die öffentliche Schule geschickt werden, vermutet man, daß der Unterricht im Haus abgehalten wird, was gegen die Wohnviertelverordnung verstößt. Die jüdischen Gemeindemitglieder, entschlossen, ihr gutes Einvernehmen mit den anderen zu wahren, beauftragen Eli Peck, einen jungen jüdischen Rechtsanwalt, mit der »Regelung« der Sache. Der schreibt dem Betreuer und Lehrer der jüdischen Kinder einen Brief, bekommt keine Antwort und begibt sich also persönlich zu dem etwas abgelegenen Haus – bereit, ihm einen Kompromiß anzubieten. »Schule könnt ihr hier halten«, sagt er, »solange man nichts davon merkt wie bisher. Aber der ›schwarze Mann‹ darf so nicht mehr auftreten – mit dem Bart, dem Kaftan, dem Hut.« Der Lehrer antwortet: »Aber das ist alles, was er hat!« Der Rechtsanwalt geht heim und packt einen seiner teuersten Anzüge in einen Karton, dazu zwei Hemden, Unterwäsche, Socken, Schuhe, einen normalen Herrenhut – zum Entsetzen seiner Frau, die ahnt, was ihr Mann damit vorhat. Noch am selben Tag ist Eli wieder bei dem Lehrer und gibt den Karton ab: Er erwarte, daß der Gehilfe fortan in der Stadt auftrete, wie jeder andere hier auch. Der Lehrer sieht, was der Karton enthält, und sagt: »Sie haben mich nicht verstanden! Er hat sonst nichts. *Gornischt* – haben Sie dafür ein Wort im Englischen? Hat er einen Vater und eine Mutter? Nein, man hat sie getötet. Ein Kind – ein zehn Monate altes vielleicht? Nein, man hat es ihm genommen. Ein Dorf voller Freunde? Nein, man hat ihn vertrieben. Eine Synagoge, in der er jeden Stuhl unter seiner Hose kennt? Wo er mit geschlossenen Augen den Geruch der Seiten der Torah riechen konnte? Nein, man hat sie verbrannt.«

Das ist es. Es gibt in der Tat Dinge, die man keinem Menschen abnehmen darf – sei es im Namen des Gesetzes oder der Vernunft oder des Weltethos. Es wird in unserer Welt immer etwas bleiben, das »stört«.

III. Die Mittel, Verfahren, Einteilungen der Pädagogik

Die »Vermittlung« von Werten, Wissen und Fähigkeiten

Nachdem dies alles gesagt ist, könnte ich mich der Frage widmen, deren Antwort eigentlich vom Pädagogen erwartet wird: Wie macht ihr das? Wie erzieht ihr zu Gemeinsinn, Selbständigkeit, Verläßlichkeit, Achtung vor dem anderen – zu einer sittlichen Lebensführung?

Das Reden über unser Thema beginnt in der Regel mit einer Sortierung von »kognitivem Lernen«, »sozialem Lernen« und dem Erwerb von *skills*. In alltäglicher Sprache: »Welche Werte, welches Wissen, welche Fähigkeiten« kennzeichnen eine »Erziehung für das 21. Jahrhundert«? – so fragte man kürzlich auf einer »wissenschaftlich hochkarätig« besetzten pädagogischen Fachtagung.[5]

Ich gestehe, ich kann nur mit Überwindung und Umstand antworten, wo die Frage solchermaßen die falschen Kategorien vorgibt. Ich verstehe das Bedürfnis nach gedanklicher Unterscheidung von Wollen, Wissen und Können, von moralischer, intellektueller und praktischer Ausstattung des Menschen, aber ich muß ihr als Pädagoge widerstehen, darf sie nur in bescheidenem Maß meine Tätigkeiten bestimmen lassen. Ich widerspreche als Pädagoge auch der geläufigen

Bezeichnung und Abfolge: Am Anfang steht die »Wertevermittlung«; ihr folgt das benötigte »Wissen«; am Ende stehen die »Fähigkeiten«, die die Jugendlichen sich aneignen müssen, »um unter den Bedingungen der globalisierten Informationsgesellschaft zu bestehen«.[6] Ich habe »Aufgaben« an den Anfang gestellt; ich würde nun als nächstes nach den »Erfahrungsmöglichkeiten« fragen wollen, »Werte« in »Einstellungen« und »Vorstellungen« umwandeln, »Wissen« durch Verstehen ergänzen (wenn nicht ersetzen, solange wir einen so oberflächlichen Begriff davon haben!) und die »Fähigkeiten« von ihrer Einengung auf die Probleme der Informationsgesellschaft befreien – und dies alles begründen. Die Begründung wiederum würde nicht kurz sein können, weil ich zu viele der Prämissen nicht teile, von denen die öffentliche Diskussion ausgeht: vom Werteverlust oder Wertewandel, von der Wissensgesellschaft, von der Wirksamkeit einer zu entwickelnden Medienkompetenz (als könnten in der einzelnen Person die tiefgreifenden Veränderungen aufgefangen werden, die die neuen Medien der Demokratie, dem Gefüge der Nationalstaaten, der Familie, der Wissenschaft, der Arbeitswelt antun). Und auch meine Antworten müßten, weil sie skeptischer und radikaler sind, ausführlicher sein; sie blieben unverständlich, wenn ich nicht wenigstens etwas über meine Ansicht von der Funktion der Erziehung und der Schule sagte.

Das alles kann und muß ich hier nicht leisten, weil ich es schon in zahlreichen Schriften ausführlich getan habe.[7] Ich begnüge mich mit kritischen Anmerkungen zur dreiteiligen Denkfigur Werte (1), Wissen (2), Fähigkeiten (3), mit deren Hilfe man den Auftrag »Erziehung für das 21. Jahrhundert« gemeinhin operationalisiert.

1. »Welche *Werte* müssen wir den Jugendlichen vermitteln?«

Meine Anmerkungen beginnen mit einer Sprachregelung. Werte (Wahrheit, Schönheit, Gerechtigkeit) sind Ideen, die wir bestimmten Dingen (Gütern) oder Verhältnissen zuschreiben. Sie sind nicht Eigenschaften dieser Dinge oder Verhältnisse und auch keine eigenen »Wesenheiten« (Rudolf Hermann Lotze), die ein für sich bestehendes »Reich der Werte« (Nicolai Hartmann) bilden. Sie werden von uns definiert, aber nicht erfunden, nicht durch eine Ethik konstituiert, sondern durch diese geklärt, begründet, bestätigt, in eine Rangfolge gebracht; sie können auch nicht von uns abgeschafft, sondern allenfalls verleugnet werden. Sie sind gering an Zahl (ich komme auf zwölf bis fünfzehn – alle weiteren lassen sich unter diese subsumieren, zum Beispiel »Freiheit von Schmerz« unter »körperliches Wohl«)[8]; sie stehen im Konflikt miteinander; sie bleiben in einer Kultur relativ konstant. Nicht sie »verfallen«, sondern das Bewußtsein von ihrer Geltung läßt nach – meist mit ihrer Verwirklichung; es ist umgekehrt am stärksten in ihrer Entbehrung.

Werte sind immer alt, schon »da«, wenn man ihrer inne wird. Auch die großen ethischen »Erfindungen« – die *eudaimonia* des Platon und des Sokrates, die der Mensch nur durch die Erkenntnis seiner Bestimmung sichern kann; Christi Nächstenliebe, die die Liebe Gottes zu den Menschen abbildet; die Trias Gleichheit/Freiheit/Brüderlichkeit, die zusammen nur in einer aufgeklärten Gesellschaft zustande kommt; Nietzsches Fernstenliebe, eine Liebe ohne die Ketten der Lust und des Lohns, des Mitleids und der Berechnung, ein Schritt zur Überwindung unserer Schwäche auf den Übermenschen hin –, sie alle sind nur Wiederaufnahme oder Radikalisierung oder Anpassung einer vorhandenen Werteempfindung.

Was sich ändert, sind ihre Rangfolge und vor allem die Mittel, mit deren Hilfe wir uns der Werte versichern; sind die Mittel Verhaltensformen, nennen wir sie Tugenden. Will ich zum Beispiel Freiheit, muß ich tapfer, selbstbewußt und selbstkritisch sein; soll die Welt Frieden haben, brauchen wir Geduld, Einfühlungsvermögen, Gerechtigkeitssinn und auch die Bereitschaft, diesen zu relativieren.

Die gründlich gewandelten Lebensverhältnisse bringen keine neuen Werte hervor, sondern machen nur die gewohnten und eingeübten Mittel zu ihrer Erreichung und Sicherung untauglich. Ein Wert oder Maßstab geht gelegentlich unter, weil er nicht mehr verständlich ist oder als »tyrannisch«[9] empfunden wird.

Die Gegenüberstellung »Er ist für das Alte« und »Er ist für das Neue« ist schlicht unerheblich in der Pädagogik. Diese erzieht zur Wahrnehmung von Werten *und* zur Bewältigung der (meist neuen) Verhältnisse. Erst wenn ihr beides gelingt (in dem Wort »Bewältigung« steckt schon die Frage nach dem Maßstab!), hat sie ihre Sache geleistet – den jungen Menschen geholfen, nicht nur zu *über*leben, sondern *sinnvoll* und *würdig* zu leben. Ein »Internet-Führerschein« mag die Berufschancen eines jungen Menschen erhöhen – aber wenn er nicht weiß, wozu er seinen Beruf ausübt, wird er mit ihm nicht glücklich und nicht wirksam sein; umgekehrt wird, wer gute Taten tun will, geradezu unglücklich, wenn er nicht über die notwendigen Mittel verfügt.

Werte sind außerdem vielen gemeinsam. Ein Wert, den keiner mit mir teilt – er mag mir noch so heilig sein –, ist den anderen eine Marotte.

Werte sind das, was wir um seiner selbst willen suchen: Zwecke. Tugenden sind meist ein Ergebnis von Erfahrung und sie verarbeitender ethischer Überlegung – und sehr oft bloße Konvention. Sie fallen dann als *mores*, Sitten, in das Gebiet der Moral. Deren Sätze beginnen mit »Du sollst ...« oder »Du darfst nicht ...«. Ethik hingegen begründet: »Weil wir Gottes Kinder sind« oder »Weil wir mit Vernunft begabt sind«, oder »Weil wir überleben wollen und voneinander abhängen« – »ist es besser, so als so zu handeln«. Ethik bedenkt die Voraussetzungen und Folgen von Taten, die Kraft der Motive, die möglichen und notwendigen Konflikte. Ethik macht die uns bestimmenden Werte und die von diesen zu unterscheidenden Tugenden bewußt, manchmal auch ihre Entstehung. Werte wie religiöse Vorstellungen und Bräuche gehen aus der geschichtlichen Kultur hervor (mit ihren oft vergessenen oder nicht mehr erkennbaren oder verschobenen Absichten: koscheres Essen, Heiligung des Feiertages, Treue in der Ehe, »right or wrong my country«) oder auch schlicht aus der Lebenserfahrung, oder sie sind ein Konstrukt der Vernunft. Dies sind die *Gründe*, der Boden der Moral; die Ethik ist deren *Begründung*.

Daraus folgt, daß Ethik auch ohne Religion auskommt. Die erste, berühmteste, überaus sorgfältig gedachte Ethik des Abendlandes, die des Aristoteles, gründet ausschließlich in menschlicher Vernunft und Erfahrung. Kants Kritik der praktischen Vernunft nimmt zweimal Bezug auf Gott[10], genauer: auf die menschliche Gottesvorstellung, braucht sie aber für den kategorischen Imperativ gerade nicht. Die Behauptung, daß Ethik ohne Religion der »Tiefendimension« ermangele[11], verkennt nicht nur die Funktion der Ethik, sie erklärt den größeren Teil der historischen Menschheit zu Opfern von Selbsttäuschung und Vergeblichkeit.

Daraus folgt auch, daß mindestens zwischen verschiedenen Ethiken natürlicherweise Konflikte auftreten werden. Aber selbst innerhalb der einzelnen Ethik geht es nicht ohne sie ab. Der Widerstreit der Werte, an denen sich unser Handeln ausrichtet, ist gerade der Grund, warum es Ethiken – Klärungsinstanzen jenseits des einzelnen Falles – geben muß. Durch die Feststellung von »Grundwerten« löst man dieses Problem nicht. Wahrheit, Gerechtigkeit, Frieden gehen eben nicht ineinander auf. Es ist selten liebevoll, die Wahrheit zu sagen, und Frieden können wir oft nur erreichen, wenn wir etwas Ungerechtigkeit hinzunehmen bereit sind. Ja, innerhalb eines einzigen Gebotes geraten wir in Entscheidungsschwierigkeiten. Die Forderung, sich gegen jedermann »menschlich« zu verhalten (sowohl die Weltethos-Erklärung wie die Erklärung der Menschenpflichten des InterAction Council erheben sie), läßt Grundsätzliches offen: Verlangt sie, daß ich dem Bettler vor meiner Tür gebe, oder verlangt sie, daß ich ihn zur Selbsthilfe ermutige, oder verlangt sie, daß ich »die Gesellschaft ändere«? Und wenn ich mich für das Geben entscheide: Ist es menschlich, daß ich ihm *viel* gebe, weil er offensichtlich viel braucht, oder nur in dem Maß, das mir erlaubt, *vielen* zu geben, die alle etwas brauchen? Und wenn ich ihn frage, wie ich es halten soll, verletze ich damit nicht seine Scham? Wann wird aus der guten

Shen Te notwendig der böse Shui Ta? Wenn die schwerleidende Großmutter von Moritz (in dem Film von Hark Bohm, »Moritz, lieber Moritz«) ihren Enkel bittet, ihr Schlaftabletten zu bringen, also eine Sterbehilfe, und er bringt sie ihr nicht – hat er damit »Ehrfurcht vor dem Leben« bezeugt oder hatte er nicht genug Liebesmut? Wenn meine Mitangestellten im öffentlichen Dienst für eine Lohnerhöhung streiken – handle ich »gerecht und fair«, indem ich »solidarisch« mitstreike, ich, der ich auch Bürger und Steuerzahler bin und die Landesregierung gewählt habe, die den Haushalt zu konsolidieren versprach?

Zu diesen beunruhigenden Zweifeln kommt hinzu, daß einige Werte selbst wahre Unruhestifter sind, so daß nur gedankenlose Menschen hoffen können, wir bekämen beherrschbare, ruhige Verhältnisse, wenn wir nur »den Werten wieder mehr Geltung« verschafften. Schönheit zum Beispiel setzt alle Berechnung außer Kraft; ihre Wirkung kann Beglückung oder Lähmung oder Aufruhr sein. Lieben können und geliebt werden – welche Dramen hat das oft zur Folge! Gerechtigkeit macht oft genug fanatisch und Ehre/Ruhm barbarisch.

Sehr häufig wird das Wert- und Verhaltensproblem mit Orientierung und Sinn oder deren Fehlen in Verbindung gebracht. Beide haben mit der Vorstellung zu tun, die man sich von der Welt, möglichst einer besseren Welt, macht. In Zeiten großer geistiger Umbrüche (solchen, wie sie durch die Namen Kopernikus, Newton, Darwin, Marx, Freud, Einstein bezeichnet sind) geraten die Weltbilder in Unordnung und mit ihnen die Überzeugungskraft von Zielen und die Gültigkeit der eingespielten Verhaltenssysteme.

Ziele und Vorstellungen sind, anders als Werte, herstellbar und werden darum mit Skepsis betrachtet – als »Ideologie«. Aber sie sind wenn auch nicht dauerhaft, so doch hilfreich und wirksam. Die enttäuschten Versprechungen von der »sozialistischen Gesellschaft« (darin eingeschlossen: das Absterben des Staates) oder vom »Weltfrieden« durch einen Völkerbund, eine Weltrepublik, eine Weltinnenpolitik oder vom »free flow of goods, people, and ideas« hinterlassen Lücken, ja Schäden. Daß uns das schmerzt, zeugt gerade nicht von einem verfallenden, sondern von einem lebendigen Wertebewußtsein.

Mit Hilfe dieser vorläufigen Ordnung lassen sich auch die pädagogischen Aufträge sortieren: *Ethos* (die griechische Matrix für »Haltung« / *habitus* / *tenue* / *comportment*) und *mores* (die lateinische Matrix für »ererbte Sitten«) werden in der Familie erfahren und angenommen und in elementaren Gemeinschaften – im Freundeskreis, in der Nachbarschaft, in der Schulklasse – erprobt und gefestigt; *Ethik*, die Prüfung und Begründung dieser Normen, wird man in der Schule etwa vom zehnten Lebensjahr an aus »täglichem Anlaß« zu treiben lernen und nach der Pubertät zum Gegenstand systematischer Untersuchung im Rahmen eines geeignet angelegten Faches machen; die Frage nach den *Zielen* schließlich ist eine Funktion der gesamten »Bildung« genannten Veranstaltung und nicht aufteilbar in Werteerziehung, Wissensvermittlung und Ausbildung von nützlichen Fähigkeiten. Sokrates, der Tugend als ein »Wissen« ausgab, war schließlich kein Tor. Was wir Tugenden nennen, sind oft erlernte Fähigkeiten (Pünktlichkeit = geschickte Zeiteinteilung; Verläßlichkeit = unaufwendige Registrierung und Einhaltung der übernommenen Pflichten); unter »Fähigkeiten« zählen wir mit Recht, wenn einer aufmerksam zuhören oder beobachten, wenn er sich sammeln oder im rechten Augenblick loslassen, wenn er kooperieren oder Widerstand leisten kann – und sind damit schon tief in der Erziehung zum »guten Leben«, zu Verantwortung und Menschlichkeit.

In Klammern gesagt: Aus dem Gesagten folgt für mich auch, daß allen Lehrern aller Stufen und Gegenstände während ihres Studiums eine wenigstens zweisemestrige, eigens für sie konzipierte Veranstaltung »Philosophische und ethische Fragen des Lehrberufs« zuzumuten ist. In ihr sollen die Lehrer nicht nur lernen, Zweifel am menschlichen Wissen und Erkennen aufzunehmen und, so gut es geht, zu beantworten, nicht nur dem Verhältnis von Sein und Bewußtsein anhand der großen philosophischen Systeme nachzudenken, sich nicht nur der fünf Quellen unseres Wissens von Gut und Böse zu vergewissern (Gott, die Natur, die Tradition, die Vernunft, die Notwendigkeit), sondern auch den elementaren Fragen nachgehen, die sich daraus ergeben: Wie kommt es, daß man Werten freiwillig folgt? Was machen wir mit den Wertekonflikten? Wie hält man die Paulinische Einsicht aus: Ich weiß, was gut ist, aber ich tue es nicht? Und viele dergleichen mehr.

Mißtraue ich schon der praktischen Einteilung des »Gegenstandes«, so vollends den in der Pädagogik geläufigen Verfahren. Lehrer behandeln, erklären, nehmen einen Gegenstand durch und fragen hinterher ab; Schüler betrachten, lesen, schreiben, beachten X, denken über Y nach, halten Z fest oder geben dies wieder. Das ist alles nicht falsch, aber, weil mit so wenig

Erfahrung oder nur vorgestellter Erfahrung verbunden, wirkungslos. So bewältigt man ein Schulpensum, so bereitet man sich nicht auf die Aufgaben vor, von denen hier die Rede ist. Wirksam wird die Pädagogik auf diesem Feld nur unter vier Bedingungen:

- Die »Sache« muß den Erziehenden und Lehrenden selber wichtig sein.
- Nichts, was bleiben soll, kommt schnell.
- Alles Lernen ist mit Erfahrung zu verbinden, wenn es schon nicht immer aus ihr hervorgehen kann.
- Die Person der Erziehenden oder der Lehrenden muß ins Spiel kommen, ja, sie ist ihr stärkstes Mittel.

Unsere Wissenschaft weiß hier sehr viel mehr, als die von ihr ausgebildeten Pädagogen anwenden. Vor vierzig Jahren haben wir uns aus äußerem Anlaß (dem Sputnik-Schock) gründlich mit der Abfolge der sogenannten kognitiven Entwicklung befaßt; in neuerer Zeit holt man aus anderem, aber entsprechendem Anlaß (Hoyerswerda und Solingen, Jugendkriminalität und Terrorismus) die Erkenntnisse zur moralischen Entwicklung ein, die damals ebenfalls von Piaget und seiner Schule erbracht oder angestoßen worden sind. Inzwischen bestätigen die Anthropologen mit den Entwicklungsstufen der von ihnen untersuchten Sozietäten das, was die Psychologen für die des Kindes herausgebracht haben (Hallpike). Daran wird nun die alte Forderung geknüpft, das Kind die naturgegebenen Stadien wirklich durchlaufen zu lassen und pädagogisch diesen nicht vorzugreifen: Erst werden einseitige (an Rollen gebundene) Pflichten eingenommen, später gilt Reziprozität; anfangs beurteilt man Taten, später erst auch die Motive; ursprünglich befolgt man Konventionen, dann erst räsonierte Prinzipien; zunächst hat man *a bag of virtues*, erst sehr viel später braucht man und macht man sich Systeme. Die Forderung nach mutiger Wertevermittlung »von Grund auf« läßt solche Bedingungen außer acht, ja, verfehlt schon im Begriff »vermitteln« den komplexen Wandlungsprozeß, der hier abläuft. »Vermitteln« ist unsere Lieblingsbezeichnung für die Tätigkeit der Lehrer und Erzieher. Sonst verwenden wir dieses Wort, wenn eine Nachricht weitergegeben wird oder wenn einer dafür sorgt, daß ein anderer etwas bekommt, zum Beispiel eine Stelle oder eine Wohnung. Am Ende »hat« jemand etwas, was er vorher nicht hatte. Dies ist eine grobe, um nicht zu sagen gröblich falsche Vorstellung für die hier gemeinten Vorgänge.

Ja, wenn das »zu Vermittelnde« schlicht Klarheit wäre und nicht ein Gefühl wie Güte, eine so schwer erklärbare Einstellung wie Aufmerksamkeit, etwas so Opakes wie das »Gewissen«!

In der Pädagogik hat sich nicht zuletzt darum eine Lehre viel Aufmerksamkeit gesichert, die sich »Values Clarification« nennt.[12] Nach Auffassung der Erfinder dieses Ansatzes sind viele junge Menschen »apathisch, oberflächlich, ziellos … übertrieben angepaßt oder überkritisch« und »benehmen sich wie Schauspieler« (PZ-Information S. 96), nicht weil sie keine oder beschädigte Werteempfindungen haben, sondern weil sie durch die Fülle der auf sie eindringenden Ansprüche und Lockungen verwirrt und verunsichert sind: Ihre Wertvorstellungen bleiben verschwommen. Überzeugt, daß Werte aus der Erfahrung der Menschen erwachsen, versuchen diese Pädagogen, den jungen Leuten durch spezielle Übungen auf die Beine zu helfen: Sie halten sie an, unter vielen Möglichkeiten frei und nach sorgfältiger Überlegung zu wählen; sie machen ihnen Mut, sich zu der einmal getroffenen Wahl zu bekennen, an ihr festzuhalten, mit ihr zufrieden zu sein; sie fordern sie auf, etwas mit dem Gewählten zu tun – und das wiederholt. Mir scheint das eine intelligente Reaktion auf die Schwäche der Überzeugungen und die Inkonsequenz der Bewertungen zu sein. Entscheidend ist, daß die jungen Leute aufhören, sich uneigentlich, eben »wie Schauspieler«, zu betragen. Sie werden also genötigt, sich zu fragen (und darauf zu antworten): Was hast du dabei gefühlt? Hat das Gefühl lang angedauert? Erzählst du anderen davon? Erzählst du es gern? Wenn diese Einwände haben, das seltsam finden – stört es dich? Warum? Warum nicht? Auf diese Weise geht mit der Klärung der Sache eine Klärung der eigenen Person einher und damit auch ihre Stärkung. Diese Stärkung ist heute nicht nur für den einzelnen geradezu lebensnotwendig, sie könnte auch die Gesellschaft vor der Anpassung an ihre eigenen unbefriedigenden Zustände, Verfahren, Apparate bewahren helfen – an die (anonymen und globalen) Entwicklungen, von denen ich eingangs gesprochen und die ich in Anlehnung an Brecht »die Verhältnisse« genannt habe.

Den Nöten, die diese bereiten, wird man freilich noch anders begegnen müssen. Wie, zum Beispiel, sollen wir uns zur unverschuldeten, jedenfalls nicht persönlich und direkt verschuldeten Ungerechtigkeit verhalten: zu »struktureller« Arbeitslosigkeit oder ebensolcher Armut – und ihrer beider Gegenteil: zur Häufung von Macht, Verantwortung und Reichtum bei wenigen? Niemand hat so recht eine Lösung dafür. Wie handle ich »gerecht und fair« in einem ungerechten und unfairen System? In der Chicagoer Erklärung (zum Weltethos) heißt es: »Deshalb (weil Neid, Haß und Rebellion aus der Ungerechtigkeit in der Welt erwachsen) sollten schon junge Menschen in Familie und Schule lernen, daß Eigentum, es sei noch so wenig, verpflichtet. Sein Wohl soll zugleich dem Wohl der Allgemeinheit dienen. Nur so kann eine gerechte Wirtschaftsordnung aufgebaut werden.« – Wie könnte das aussehen? Nun: Das Kind mit den neuen Inliners wird sie anderen borgen; das mit der wohlassortierten Federmappe wird dem schlecht versorgten Banknachbarn mit einem Bleistift aushelfen; das Mädchen, das täglich einen schönen Apfel von zu Hause mitbekommt, kann ihn jeden zweiten Tag entbehren, ihn einem anderen geben, das so etwas braucht. Wenn die Eltern dies mit Wohlwollen, die Lehrer mit Lob und die Mitschüler mit Dank bedenken, kann daraus eine Lebensmaxime werden. Aber der systembedingten »hemmungslosen Raffgier« der einen Menschen und der demoralisierenden Erwerbslosigkeit der anderen wird das kein Ende setzen, und darum sollte man dieses prekäre Stück Moralerziehung auch nicht mit einer solchen Erwartung belasten.

Es war oben (S. 54f.) von der Diskrepanz zwischen dem tatsächlichen Verhalten der Erwachsenen und dem pädagogisch gewünschten der Kinder die Rede. Auch das ist wenn nicht »systembedingt«, so doch stark im System verankert und fordert eine eigene Strategie. Hier steht der Pädagogik ein ebenso listiges wie unschuldiges Mittel zur Verfügung – »listig«, weil es den gemeinten Tatbestand (die Trägheit und die Feigheit, die Habsucht und die Herrschsucht, den bösen Willen und die fehlende Einsicht) aufs genaueste zu bezeichnen, ja zuzuspitzen erlaubt, »unschuldig«, weil es die Kinder nicht zu Anklägern und Richtern der Erwachsenen macht, nicht zu Besserwissern, was nur eine neue Quelle von Zank und Verletzung wäre. Ich meine: erdachte Geschichten und die vergangene Geschichte.

An ihnen kann man wahrnehmen, was »falsch« ist und was »besser« wäre, was Gewalt anrichtet und was sie nicht löst, was Solidarität meint, was sie bewirken kann, warum sie nicht durch »Verordnung« ersetzt werden darf, und auch, wie sich die Forderung nach ihr mißbrauchen läßt. Geschichten sind ein, mit Verlaub, strenges Spielmaterial zur Erprobung von Werten und Tugenden. Werte erkennt man am klarsten, wo sie fehlen oder man sie verfehlt. Die Geschichten mit der stärksten moralischen Wirkung sind die, die uns um das Gute bangen lassen: um die Wahrheit in Hermann Hesses »Demian« oder in seiner »Kindernovelle«, um die Ehe in Theodor Fontanes »Effie Briest«, um die Vernunft in Collodis »Pinocchio«, um die Gewaltlosigkeit in Harriet E. Beecher-Stowes »Onkel Toms Hütte«.[13] Die unbeirrt strahlenden Tugenden geraten zum Kitsch, die schiere Ruchlosigkeit zur Karikatur. Ich bin mir sicher: Mit seinem Struwwelpeter hat Heinrich Hoffmann gut unterhalten, aber schlecht erzogen. Daß Lüge etwas Schlimmes ist, erfährt man nicht, wo der Lügner sich auch sonst wie ein Schurke verhält, sondern wo einer gezwungen ist zu lügen, ohne es zu wollen – in Jurek Beckers »Jakob der Lügner« oder Louis Begleys »Lügen in Zeiten des Krieges«.

Mit anderen Worten, die Werteerfahrung und Werteerziehung folgen einer ganz eigenen Dialektik, in der das Scheitern nicht Unwirksamkeit bedeutet. Bertolt Brecht läßt aus dem Versagen seiner Helden die eigentliche Belehrung seiner Zuschauer hervorgehen. Das mag ihm gelungen sein oder nicht – »Ethos leichtgemacht«, Ethos ohne Stolpersteine, Ethos auf den Schwingen einer »irgendwie« offenkundigen Menschlichkeit kann seinem eigenen Zweck nicht genügen.

Die Reden und Aufrufe zur Werteerziehung bauen auf drei Mittel zur Herbeiführung des Bewußtseinswandels, der das Ethos in Geltung setzt: sich etwas vorstellen, sich auf etwas besinnen, sich zu etwas verpflichten. Das sind die in der Pädagogik tatsächlich geläufigen – und wohl auch nicht entbehrlichen – Verben. Aber für sich, ohne die Fülle der anderen: erleben, erfahren, erproben, erfinden, mitmachen, selbermachen, zweifeln, fragen, erörtern, abwägen, entscheiden, urteilen und so fort, sind sie pädagogisch ohnmächtig.

Die Gefahr, der Auftrag werde vornehmlich über den Verstand erfüllt werden, ist real, zumal wenn er an die Schule ergeht. »Kognitives Lernen« zu veranlassen, wie es im Fachjargon heißt, gelingt der Bildungseinrichtung in der Regel, und darum mißlingt ihr meist das »ganze« Lernen, das Lernen »mit Herz und Tat«, wie die »Erklärung zum Weltethos« das nennt.

Aber ein Einwand gegen Ethos als Anliegen und Auftrag der Schule kann das nicht sein. Es könnte dieser Auftrag umgekehrt zu einem weiteren Anstoß dafür werden, die Schule zu einem Erfahrungsraum zu machen, zu der *embryonic society*, wie sie bei John Dewey, zur Polis im Kleinen, wie sie bei mir heißt, zur *just community*, die sie Lawrence Kohlberg zufolge sein sollte.

Daß eine »Allgemeine Erklärung der Menschenpflichten« nicht ohne Gebote auskommt (und etliche

Verbote), ist verständlich: In ihr wird festgestellt, was sein soll. Aber dadurch kommt das Wertebewußtsein, das Motiv für das richtige Handeln noch nicht zustande. Die Pädagogik, der diese Aufgabe zufällt, darf die gedankliche und sprachliche Figur »Jede Person hat die Pflicht« (beispielsweise sich integer, ehrlich und fair zu verhalten) oder »Keine Person oder Gruppe darf« (beispielsweise irgendeine andere Person oder Gruppe schädigen) nicht einfach übernehmen – sie muß erklären, worin dieses Verhalten und warum diese Pflicht besteht: wozu sie taugt. Sie darf, gerade wenn es ihr um deren Geltung (nicht nur ihre Postulierung) geht, an den Schwierigkeiten und Unschärfen der Sache, dem Versagen der Menschen vor ihr nicht vorbeisehen. Vor allem aber muß sie ermutigende Erfahrung geben und Gelegenheit zur Ausübung (und damit Einübung) des für richtig erkannten Verhaltens.

Die Maxime »Soviel Belehrung wie möglich durch Erfahrung ersetzen« oder doch wenigstens mit Erfahrung beginnen und in ihr münden lassen, ist der Cantus firmus meiner Pädagogik; manchmal lautet dieser auch »Beteiligung statt Belehrung«. Ich muß und mag deshalb das Prinzip nicht noch einmal begründen. Aber ich muß in *diesem* Buch sagen: daß eine Erziehung zu moralischer Urteilsfähigkeit und Stärke, zu Verantwortungsbewußtsein und Tatkraft *ohne Erfahrung* überhaupt nichts taugt – Erfahrung auch von der Verwirrung, der Unklarheit, der Schwäche, der Verführung zur Ausrede, der Lähmung, ja vom Scheitern.

Erfahrung kann nur in Grenzen »veranstaltet«, eingerichtet, geplant werden. Sie wird aufgesucht, ermöglicht, zugelassen. Sie sollte »nahe liegen« im doppelten

Sinn des Worts. Als Beispiel diene der in allen Forderungen nach »Werteerziehung« (die, wie nun wohl klargeworden ist, besser »Tugend-« oder »Charaktererziehung« hieße und am besten nur einfach »Erziehung«) an herausragender Stelle auftauchende Gemeinsinn. Mit ihm soll auf den »Zerfall« der Gesellschaft geantwortet werden, auf Individualismus und Gruppenegoismus. Die Gesellschaft wiederum ist eher ein Zustand, ein geradezu grenzenloser, und darum immer nur mit begrifflicher Hilfe erfahrbar, nie unmittelbar. Wenn nun die Wertevorstellungen unser Verhältnis zu den anderen Menschen ordnen sollen, wird das nur in Stufen zu erreichen sein: in dem Maß, in dem sich die Erfahrungswelt des Kindes erweitert – jeweils mit deren Erklärung. Den gewünschten Gemeinsinn erfahren die jungen Menschen unmittelbar in der Nachbarschaft, in der Gemeinde. »Gemeinde«, das muß freilich mehr sein als das abstrakte Gebilde, in dem wir registriert sind, Steuern zahlen und zur Wahl gehen; sie ist der Lebenszusammenhang, in dem die Menschen einander kennen, einander zuhören und helfen, voneinander lernen und aufeinander achten und dadurch eine gemeinsame Lebenshaltung und Lebensabsicht (*ethos*) ausbilden. Im Kleinen und Konkreten stellen wir nicht nur solche hohen Ansprüche, diese gewinnen auch Macht über uns: Einer nimmt den anderen beim Wort und in den Blick. Das gerade »erfahren« wir hinsichtlich der »Gesellschaft« oder der »Welt« nicht. Was immer Welt*ethos* heißt, es entsteht nicht beim Ansehen der Tagesschau, beim Lesen des *Spiegels* oder beim Surfen durch das Internet; es entsteht in der erfahrbaren Polis, jener Mischung aus Ortsgemeinde und Kirchengemeinde, aus *schtetl* und *kille* – und wird dann in der Vorstellung und durch Wissen auf die Welt ausgedehnt. Die Wahrnehmung, daß es mit dieser Einstellung und jener Bereitschaft geht, ist dabei wichtiger als der Konsens, daß wir die und die Werte mit der übrigen Welt teilen – und die Probleme auch.

Der Abstand zwischen Polis und Kosmopolis wird bleiben – viel unheimlicher noch als der schon so große zwischen Familie und Polis. Das liegt an den unvorstellbaren Größenordnungen und an der Abstraktheit der Verhältnisse, und für diese braucht man – und hat man – die Theorie, das Denken und das Wissen. Daß wir diese den *professionals* überlassen, ist hinnehmbar, wenn wir deren Handlungen am Maß sittlicher Vernunft zu prüfen verstehen und dies auch tun. (Davon handelt Teil IV dieses Buches.) In der Erziehung zu dieser geht es in erster Linie wieder um eine Erfahrung: um das Zutrauen, ja, die Gewißheit, daß das Gute, das ich tue, »greift«, daß es wenigstens erkannt, verstanden, gewürdigt wird. In *our town* findet dies Bestätigung; in New York und Los Angeles verhallt der Anspruch; in der »Welt« hingegen leben wir alle wie Gyges mit seinem Ring: Wir sind unsichtbar. Und damit ist »Werteerziehung« als Antwort auf die Probleme der »Welt« unwirksam, wenn die Bürger keinen »respect for the opinion of mankind« gelernt haben – und den lernt man nur aus dem »respect for the opinion of the fellow man«. Für diesen kann die Pädgogik viel tun: Sie kann die jungen Menschen in den Kinderstuben und Schulen, in Lagern und Vereinen erfahren lassen, daß die sittliche Ordnung ihnen selber dient und daß die gegenseitige Wachsamkeit (da ist das Wort wieder!) ihnen hilft, dieser Ordnung zu genügen. Das Sich-Melden, wenn man in der Versammlung zu Wort kommen will, das Einhalten der Redezeit, das Schlangestehen beim Essenfassen, das Einfordern der Regel: »Klaus, wir hatten vereinbart ... Bitte halte dich daran!« – das ist allemal wirksamer als die Erinnerung an allgemeine Gebote, als ein Konsens über aufgezählte bedeutende Werte.

Die von Platon in der »Politeia« (359 d) erzählte Geschichte von Gyges ist eine der großen Parabeln für die Wirkungsweise der Moral. Sie bedient sich der Scham. Diese kann – man weiß es – in den Gemeinschaften durch Erziehung ausgebildet und verfeinert werden, nicht zuletzt mit Hilfe ihrer »positiven« Schwester, der Selbstachtung, der Ehre. Das aufgeklärte Eigeninteresse, das uns zum Beispiel die Schonung der Natur nahelegt und damit unseren Planeten bewahren hilft, würde durch die Scham vor den jeweils anderen und insbesondere vor der schon aufmerksamen, aber noch nicht verantwortbar zu machenden jüngeren Generation eine starke Stütze erfahren.

Das Grundbuch der modernen Erziehung, Rousseaus »Emile«, lehrt zwar, wie man diesen Knaben vor der verderblichen Gesellschaft, vor den »Anstoß erregenden Sitten unserer Zeit« bewahrt, nicht aber, wie er befähigt wird, sie als Erwachsener zu ändern. In Rousseaus Werk finden wir jede nötige Anleitung zu gesunder, vernünftiger und sittlicher Lebensführung, aber keine zur Politik. Das mag man ihm als Fehler anrechnen. Er hätte auf diesen Vorwurf geantwortet: Nur wer sich in seinem Werdegang nicht auf die Machtverhältnisse, die verschlungenen Abhängigkeiten, die großen Abstraktionen der »Welt« eingelassen habe, nur wer in erster Linie zum Menschen und nicht zum gewerblich oder politisch tätigen Bürger herangebildet worden sei, könne sich eine andere, bessere Welt auch nur vorstellen und diese wollen. Es läßt sich sehr wohl argumentieren, der *Emile* stelle diejenige Erziehung dar, die der Mensch haben müsse, um den gedachten *contrat social* zu schließen. Keiner von uns hat dies wirklich getan – und das wäre doch der erste Schritt zur besseren Weltordnung, zur Weltrepublik!

In der von ihm turnusgemäß erwarteten Vorlesung über Pädagogik forderte Kant zwar die Erzieher auf, die jungen Menschen mit dem in unsere Seele gelegten »Interesse am Weltbesten« bekannt zu machen, »damit sie ihre Seele daran erwärmen«.[14] Aber dieses Interesse am Weltbesten ist hier nur dasjenige, das nicht der eigenen Person und nicht der eigenen Lebensgemeinschaft gilt: »Sie müssen sich freuen über das Weltbeste, wenn es auch nicht der Vorteil ihres Vaterlandes oder ihr eigener Gewinn ist.« (Ebenda) Es steht im Gegensatz zu den utilitaristischen Absichten des Staates, der die »Geschicklichkeit« seiner Untertanen als »Werkzeug zu seinen Absichten« im Sinn hat (VI, S. 706). Was das Weltbeste sei außer den genannten Verneinungen, unternahm auch Kant nicht zu bestimmen. Und wenn heute hochpotente Computersysteme errechnen, was wo in welcher Weltregion *fehlt* oder zuviel ist, bestätigen sie damit, daß das für die Welt Gute nur an dem Schaden zu erkennen ist, den es nimmt oder schon genommen hat: zuviel Phosphate, zuviel Autoabgase, zuviel Radioaktivität; zuwenig Investitionen, zuwenig Arbeit, zuwenig Kaufkraft; Krieg, Terror, Verbrechen.

Die Idee einer weltbürgerlichen Gesellschaft – Kant nannte sie mit dem alten Wort *cosmopolitismus* – war für ihn ein »regulatives«, kein »konstitutives« Prinzip (VI, S. 687f.): das heißt, es ist erstrebenswert, aber nicht erreichbar; ja, angesichts der umständlich begründeten Überzeugung, daß der Mensch weder gut noch böse, sondern frei sei, sich zum einen oder anderen zu schaffen (IV, S. 666 und 694), mußten eine Weltrepublik, ein ewiger Friede, eine Hoffnung auf »die vollendete moralische Besserung des ganzen Menschengeschlechts« als »Schwärmerei« abgetan werden (IV, S. 683). Die alte Vorstellung: die Welt habe mit dem Guten begonnen und verfalle seitdem ins Böse, lasse sich nicht umkehren. Zur Bekräftigung dieser Ansicht erfand Kant »auf einem anderen Planeten vernünftige Wesen, die nicht anders als laut denken« können. Diese würden gewiß nicht miteinander auskommen, »wenn sie nicht engelrein wären«. Und das seien wir jedenfalls nicht, so daß wir – von uns selbst schließend – in ständigem Argwohn gegen alle anderen lebten (IV, S. 688ff.).

Wenn auch Kant verlangt, daß die Erziehung den »künftigen besseren Zustand des menschlichen Geschlechts« und nicht allein seinen gegenwärtigen im Auge habe (VI, S. 704), dann widerspricht das der eben vorgetragenen philosophischen Skepsis nicht; es drückt nur aus, daß der Mensch »gesittet«, nicht nur »geschickt« sein solle (VI, S. 706).

Es gibt in der Pädagogik zahlreiche Versuche (und ihnen gemäße Methoden), die Gesittung, die Menschlichkeit, die Weltoffenheit zu sichern. Die erfolgreichsten unter ihnen sind freilich die der Skeptiker, eben derjenigen, die wußten, daß nicht wir über die Werte bestimmen, sondern die Werte über uns. Wir können Dinge oder Sachverhalte bewerten, ihnen den einen oder anderen Wert zuschreiben – über den Wert selbst verfügen wir nicht. Die Umstände können uns zweifeln lassen, ob es sinnvoll ist, ihn zu erstreben: Gerechtigkeit zum Beispiel, weil sie sich doch nicht erreichen läßt. Aber das hebt den Wert der Gerechtigkeit eigentümlicherweise nicht auf. – Ich nenne wenigstens einige Modelle: »Lifeline« und »Startline« aus England[15], Materialien, an denen Entscheiden und Unterscheiden, das Aushalten von Unsicherheit, Druck und Erwartung geübt werden und die Wahrnehmung der »consequences«; »Man, a Course of Study«, ein von Jerome Bruner angeregtes kulturanthropologisches Lehrwerk; »Detto und andere«, eine Adaptation eines Curriculums von Ronald Lippitt[16], in dem die Erkenntnis-, Prüfungs- und Verständigungsmittel der Sozialwissenschaften für den Alltag junger Menschen verfügbar gemacht werden; die schon erwähnte »Values Clarification« von Raths, Harmin und Simon; das ebenfalls schon erwähnte Stufenmodell von Lawrence Kohlberg: sein Modell der *just community* und vor allem seine Dilemma-Methode, die den durchgängig zu kurz kommenden Wertekonflikt zu ihrem Gegenstand macht – also mit der Vorstellung aufräumt, es komme nur darauf an, das Richtige zu lehren und nur das Richtige. Es kann sehr wohl geschehen, daß die Schärfung des Problembewußtseins, die das eine Verfahren (Dilemma) vorsieht, die Handlungsbereitschaft, die das andere (*the just community*) erstrebt, hemmt – womit das Dilemma sich auf seine eigene Theorie erstreckt. Gute Pädagogik geht nie in einer Methode auf.

Einen Pädagogen, der »das Weltbeste« vertritt und verwirklicht, wird man in der um Gelehrsamkeit,

Tüchtigkeit und Patriotismus bemühten deutschen Tradition gar nicht erst suchen, es sei denn an ihrem Rande und spät. Da findet sich in der Tat Kurt Hahn, dessen Pädagogik der Menschheit das von William James geforderte »moral equivalent to war« zu geben versprach und der der Ausbildung des Charakters den ersten Platz einräumte – weit vor der Wissensbildung. Aber auch sein Motiv war nicht die Weltverbesserung, nicht einmal bei seiner letzten Gründung, dem Atlantic College in St. Donats.[17] Wie an seinen anderen Schulen will man auch an den Atlantic Colleges (inzwischen gibt es deren mehrere über die Welt verteilt) »dem Verfall der menschlichen Anteilnahme« entgegenwirken (S. 238), »die menschliche Entwicklung jedes einzelnen fördern und gleichzeitig den natürlichen Drang nach persönlicher Geltung in der Gesellschaft und den Trieb zum Dienst am Nächsten befriedigen«. Das geschieht hier wie an den anderen Einrichtungen, die Hahn gegründet hat, durch das, was er »Erlebnispädagogik« genannt hat. Das Programm der Stärkung der Persönlichkeit bedient sich der Begegnung junger Menschen aus verschiedenen Nationen in dem südenglischen Internat: »Völkerverständigung« vollzieht sich in individuellen Freundschaften und in den gemeinsam bestandenen Bewährungsproben. Eine besondere Anstrengung für Weltethos würde man hier nicht machen wollen: man genüge dieser Erwartung doch schon!

2. »Welches *Wissen* brauchen die Jugendlichen?«

Diese Frage gehört nur wegen der falschen Systematik hierher, der ich mich um der Frager willen unterworfen habe. Wissen hat in meiner Vorstellung von Erziehung und Bildung keine von den politischen und moralischen Zwecken der Pädagogik trennbare Funktion. Ich kann, wenn ich mir des Sokrates' Auffassung von »Wissen« zu eigen mache, auch umgekehrt sagen: Alles Wissen ist moralisches Wissen, indem es nicht gefällige oder polemische oder eitle Meinung ist. Wissen, *episteme*, auf der vierten Stufe der Erkenntnis – nach Schein, Empirie und Bestimmungswissen – meint das Erkennen der Idee, der Bedingung des Erkennens im Sein.[18] Das nehmen mir natürlich nur eingefleischte griechischlesende Platoniker ab. Ich spreche hier also von Wissen, wie wir es im wissenschaftlichen Zeitalter tun, und beanspruche für das Wissen, welches die Schule zugänglich macht, daß es nützlich und wesentlich ist – eine Stütze des Denkens, ein Anlaß für Urteil und Entscheidung, »exemplarisch« für eine angebbare allgemeine Einsicht.

Wir stünden vor einer Zeitenwende – dem Ende des Mittelalters, dem Beginn der Neuzeit vergleichbar; die beschleunigende Wirkung, die damals die Erfindung des Buchdrucks auf die gesellschaftlichen Veränderungen gehabt habe, gehe jetzt von der modernen Informationstechnik aus – so lautet eine der vielen, sich schon gar nicht mehr prophetisch gebenden »Feststellungen« (Beiersdörfer, 1998).

Die gewaltige Zunahme des Wissens; die Möglichkeit, unbegrenzte Mengen davon in einem allen zugänglichen Gerät zu speichern und dort jederzeit und überall abzurufen; die Wahrnehmung, daß das Wissen heute schnell veraltet; vor allem aber die Umwandlung eines immer größeren Anteils der menschlichen Tätigkeiten in Arbeit am Computer, der ja nicht nur »bedient«, sondern dessen vielfältige Leistungen von irgend jemandem vorgedacht, dessen Ergebnisse von irgend jemandem geprüft werden müssen – dies alles scheint in der Tat unser Verhältnis zum Wißbaren überhaupt zu verändern. Da das informationstechnische Know-how in immer höherem Maß die Warenproduktion und -vermarktung bestimmt und da ein Vorsprung auf diesem Gebiet der Volkswirtschaft (wie auch auf dem der Wissenschaft, des Sicherheits-, des Verteidigungs-, des Verkehrssystems) einer Nation entscheidende Vorteile verspricht, ist es verständlich, wenn die Politiker und Wirtschaftler diesem Wandel gespannte Aufmerksamkeit zuwenden. Und dies wiederum, mehr als alles andere, macht »Bildung« zum »Megathema« (der Bundespräsident am 5. November 1997). Man fragt, was sich ändern müsse, und weiß schon: eigentlich alles, wenn nämlich die Schulen noch immer »davon ausgehen«, daß der Mensch weiterhin, wie in den Jahrtausenden bisher, »alles im Kopf abwickeln« müsse, was seine Tätigkeiten und die sie unterstützenden Apparate steuert (Haefner, 1998, S. 68). Es wird vorhergesagt, daß die Gesellschaft sich vom staatlichen Bildungswesen abwenden werde, wenn dieses fortfahre, mathematische »Symbolmanipulationen« zu lehren (das sind Rechenfähigkeiten), die man preiswerten »mathematischen Expertensystemen« überlassen solle; wenn sie fortfahre, Rechtschreibung (obendrein mit der Hand!) zu verlangen, wo es doch Textverarbeitungsgeräte mit eingespeisten Regeln gebe; wenn sie fortfahre, »geschichtliche Fakten« vorzutragen, die man doch jederzeit auf einer Datenbank abholen könne. Daß man unsere Gesellschaft, weil wir über keine Rohstoffe verfügen und uns mit der Ressource Wissen in der Welt behaupten müssen, eine

»Wissensgesellschaft« nennt, ist verständlich und verständig. Aber die praktischen Folgerungen, die man daraus zieht, sind seltsam. Statt sich auszudenken, wie wir »Herr« dieser Ressource bleiben können, führen wir die Schulen »ans Netz« und sehen zu, daß die Jugend sich möglichst früh und möglichst unbefangen mit dem Apparat befreundet, der das Wissen zu ihrem Herrn macht.

Nur gründliches Denken ist dem Wissen gewachsen, nicht »noch mehr Wissen«. Wenn wir die Dienstwilligkeit des Computers mit unserer Verfügungsgewalt über ihn verwechseln, verlieren wir, wie der Zauberlehrling, die Herrschaft über diesen sonst so anstelligen und überaus nützlichen Knecht.

Ich mache folgende Gegenrechnung auf:

- Wissen ist bewußte Aufhebung von beunruhigendem oder hinderlichem Unwissen; man kann auch sagen: Wissen ist immer Antwort auf eine Frage; wenn ich es nicht suche, nicht brauche, nicht anwende, nicht genieße, nicht bezweifle und solange es nur irgendwo in einem Apparat gespeichert ist, ist es nichts als ein elektronischer Impuls auf einem Chip, ein bedeutungsloses Zeichen, allenfalls die Spur des Menschen, der es dort eingegeben hat.[19]
- Wir sind also immer zur Aneignung des Wissens angehalten; Aneignung heißt: prüfen, was es uns bedeutet; dazu muß es in sich verstanden worden sein: ich muß es wiederherstellen können, wenn ich es verloren habe.
- Um mich der in dem Apparat enthaltenen potentiellen Auskünfte und seiner anderen Verarbeitungs- und Ordnungshilfen bedienen zu können, muß ich meine Sache so weit durchschauen, daß ich einen

Such- und Lösungsauftrag erteilen kann; ich muß das Problem, die Lücke, den möglichen Irrtum, die mögliche Ordnung, den möglichen Vergleich im Sinn haben, bevor ich die Dienste des Computers beanspruche.

- Die Apparate werden immer leistungsfähiger und einfacher zu benutzen; man erlernt die dazu nötigen Kenntnisse und Fertigkeiten in wenigen Wochen – sagen die Computerhersteller selbst.
- Diese bevorzugen für ihre Software-Entwicklung Personen mit guten Kenntnissen in geisteswissenschaftlichen Fächern und praktischer Lebenserfahrung (*Neue Zürcher Zeitung*, 14. Mai 1998).
- Der Gesamtheit des Wißbaren und Wissenswerten ist der einzelne nie gewachsen gewesen. Die schiere Menge also verändert unser Verhältnis zum Wissen nicht: Immer muß ausgewählt werden. Die Ordnung wird schwieriger und muß wiederum von uns, von unserem wissenden Denken geleistet werden.
- Der beschleunigte Fortschritt betrifft selten das Grundlagenwissen. Fortschritt heißt meist Verfeinerung ins Kleine, Ausweitung ins Große, Verknüpfung von bisher Unverknüpftem. Neue Erkenntnisgebiete (Informatik, Genforschung, Chaosforschung), neue Erkenntnisstrukturen (Statistik, Psychoanalyse, *oral history*) setzen dem kanonisierten Schulwissen zu, und das tut ihm gut; es muß nun seinen Platz im Bildungsplan neu begründen.
- Hinzukommende Disziplinen bestärken die ohnedies gegebene, aber vernachlässigte Notwendigkeit, gemeinsame Verständigungswissenschaften auszubilden.
- Zu den allgemeinsten Merkmalen unserer Gesell-

schaft gehört die Arbeitsteilung; ihr verdanken wir den größten Zuwachs an spezialisiertem, für anders Vorgebildete unzugänglichem Wissen. Dieses dienstbar zu halten, also den Zusammenhang der Teilleistungen mit dem Ganzen der Erkenntnis, dem sie dienen, ständig mitzubedenken, ist eine viel prinzipiellere Herausforderung als die gesamte Medienentwicklung.

- Ungeprüftes Wissen taugt nichts. Das wichtigste Instrument, mit dem wir Wissen prüfen, ist die Wissenschaft. Sie verfügt über dafür geeignete unabhängige Einrichtungen und strenge Regeln. Korporative Kritik und Auswahl des vorgelegten Wissens haben in ihr den gleichen Rang wie dessen Gewinnung. Ein anderes Mittel, mit dessen Hilfe wir uns des unnützen oder nur behaupteten Wissens erwehren, ist die Publikation. Das Verlags- und Buchwesen trifft eine hilfreiche – gewiß nicht objektive und schon gar nicht unfehlbare – Vorauswahl; der einzelne Verleger oder Herausgeber bietet mit seinem Namen eine erhebliche Garantie für die Brauchbarkeit des vorgelegten Produkts: Er ist doch darauf angewiesen, daß das Buch oder die Zeitschrift von vielen kundigen Interessenten gekauft wird und möglichst Bestand hat. Die modernen Medien hingegen schlucken alles – ungeprüft, unbewertet und ohne Risiko für den Eingeber. Für rund 2500 DM Investition in das Gerät (PC mit Modem), zwischen 20 und 50 DM monatlich für den Provider, Pfenniggebühren für das Telefon in geeigneten Nachtstunden und den Stromaufwand einer normalen Glühbirne kann man täglich 30 bis 50 Seiten ins Netz stellen. Und das tun jetzt schon etliche Millionen

Internet-Teilnehmer. Kenner versichern, daß das Internet von gefälschten Dokumenten wimmle (Milos Vec), von Irrtümern, Phantastereien und Albernheiten ganz zu schweigen. Dies alles wird als »Information« ausgegeben, die sich so vermehrt, daß man unser Zeitalter nach ihr benennt. Es läßt sich leicht vorhersagen: Je mehr im Lauf der Entwicklung und der Ausdehnung des Systems in das Internet eingeht, um so unbrauchbarer dürfte es werden, oder: um so mehr Denken, Urteilskraft und geprüftes Wissen werde der Nutzer aufbringen müssen, damit ihm das System diene.

– Auf die gar nicht entfremdete, sondern kreuzfidele Aussteigerjugend, auf die Mutlosen und die Mutwilligen, auf die Schwärmer und die Jungnazis, auf diejenigen, denen die Orientierung fehlt, und diejenigen, die nur diese Ausrede gebrauchen, ist jeder Anpassungsdruck verschwendet (s. u. S. 100f.), ja kontraproduktiv – so falsch wie das ihnen gepriesene *entrepreneurship*, die tautologische »Entfaltung ihrer Kreativität«, die Flucht in die »Innovation«. Ihnen fehlt die Erfahrung, gebraucht zu werden – als die, die sie sind oder sein könnten.

3. »Welche *Fähigkeiten* müssen die Jugendlichen erwerben, um das 21. Jahrhundert gut zu bestehen?«

Schon im eben vorgetragenen Abschnitt über das Wissen habe ich Fähigkeiten empfohlen: das Denken, das Verstehen, das Prüfen. Da ist mir kein Fehler unterlaufen; hierin steckte vielmehr eine Kritik an einer Frage, die nur dem Gegenstand des Wissens galt, dem »Was« und nicht auch dem »Wie«. Die »Unsauberkeit« der

Einteilung bestätigt nur die eingangs gemachte Bemerkung, daß die Einstellungen, das Wissen und die Fähigkeiten ineinandergreifen und sich gegenseitig stützen; darum sollten sie auch nicht getrennt voneinander gelernt werden. Im Rahmen der zweiten TIMSS (s.o. S. 43) hat man Mathematikunterricht in den USA, in Japan und Deutschland gefilmt. Auf den Videos sieht man, wie der japanische Lehrer ein mathematisches Problem und dessen verschiedene Lösungsmöglichkeiten darstellt; das tut er an der Tafel mit dem Rücken zu den Schülern; diese »rezipieren« den Vorgang schweigend und schreibend; Fragen werden nicht gestellt; ob die Schüler und, wenn ja, was sie verstanden haben, wird sich herausstellen, wenn sie eine entsprechende Aufgabe selber zu lösen haben. Der deutsche Mathematiklehrer sitzt mitten unter den Kindern; er unterbricht seine Darstellung, um sich zu vergewissern, ob Lisa auch folgt: »Welchen Schritt müßten wir als nächsten tun?« fragt er sie. Als sie zögert, wendet er sich an Paul: »Kannst du es uns sagen?« Als Paul einen falschen Vorschlag macht, fordert der Lehrer Anna auf (von der er ziemlich sicher weiß, daß sie die Sache verstanden hat), weiterzuhelfen: »Was hat Paul da übersehen?« Danach geht der Lehrer ein paar Schritte zurück und setzt neu an. Mit anderen Worten: Hier wird die Darstellung der Sache dem Verstehen der Schüler nachgeordnet; sie verliert damit an Geschlossenheit und Deutlichkeit, vielleicht auch das Interesse derjenigen Kinder, die der Nachhilfe nicht bedürfen. Andererseits sind alle Kinder angehalten, aufeinander zu achten, sich vorzustellen, was dem anderen wohl Schwierigkeiten bereitet, nach Unverstandenem zu fragen, die eigenen Wahrnehmungen geltend zu machen. Aus »sachlichem« Anlaß, dem Erwerb von Wissen, wird etwas Wichtiges anderes mitgeübt, das gewiß nicht »an sich« zu haben ist.

In der Schule werden viele Fähigkeiten (und Einstellungen) so in ihrer Funktion gelernt – unausdrücklich und dadurch überzeugend: zuhören, ausreden lassen, mitdenken, für die eigene Vorstellung einstehen. Der japanische Lehrer kann auf gute mathematische Erfolge hinweisen; wie seine Bilanz im »sozialen Lernen« aussieht, weiß ich nicht. Der deutsche Lehrer ist am Ende möglicherweise ein oder zwei Jahre im Rückstand (TIMSS macht solche Feststellungen); er hat den mühsameren Weg beschritten, aber auch den pädagogisch befriedigenderen, wenn er denn gelingt. Im Zusammenhang mit dem Wort »Lernen« habe ich das Wort »reibungslos« immer für einen Irrtum gehalten.

Aus der Fülle der hier nun aufzuzählenden Verben bilde ich sechs Gruppen von Fähigkeiten, die mir zur Bewältigung der anfangs dargestellten Aufgaben besonders wichtig erscheinen, und gebe ihnen je einen kurzen Namen:

- die Fähigkeit zur Politik, zum Mitdenken und Mitentscheiden in der *res publica*;
- die Fähigkeit zur Wahrnehmung und Achtung anderer Denk- und Lebensformen unter Wahrung der eigenen;
- die Fähigkeit, Abstand zu nehmen oder Widerstand zu leisten, wenn in der eigenen Umgebung die tragenden gemeinsamen Werte verletzt werden;
- die Fähigkeit, die eigenen Bedürfnisse so einzuschränken, daß die Natur geschont wird und benachteiligte Völker einen fairen Anteil am Wohlergehen der Menschen erhalten;

– die Fähigkeit zum Aushalten von Ambivalenz;
– die Fähigkeit, für sich selbst – für die eigene Existenz und für das eigene Glück – einzustehen.

Ich könnte diese Fähigkeiten »Schlüsselqualifikationen« nennen, aber mit denen möchten die von mir genannten nicht konkurrieren. Den Ausdruck »Schlüsselqualifikationen« hat man unlängst für jene lernbaren Eigenschaften geprägt, die die moderne Wirtschaft sich wünscht und braucht. Daß viele Unternehmer darunter Selbständigkeit und Kooperationsfähigkeit, Verantwortungs- und Risikobereitschaft, Verläßlichkeit und Umlernenkönnen verstehen – also einerseits durchaus nichts Stromlinienförmiges, leicht Meßbares und leicht Handhabbares, und andererseits lauter Fähigkeiten, die die pädagogischen Reformer im Sinn hatten –, vernimmt ein solcher natürlich gern. »*Schlüssel*qualifikationen« heißt freilich auch, daß es nur wenige sein sollten (solche, die andere Qualifikationen aufschließen) – und dadurch verlieren sie an Konkretheit und Griff. Meine Liste ist nicht auf Kürze oder Abschließbarkeit bedacht – sie soll einen Fähigkeitstypus kennzeichnen und will kundig weiterentwickelt werden.

In der deutschen Pädagogik gibt es eine Strömung, deren Vertreter meine Erwartungen wohl allgemein zu teilen vermögen, sie aber heftig – als utopisch und schädlich – zurückweisen, sobald sie an die größte pädagogische Veranstaltung, an die allgemeinbildende öffentliche Schule, gerichtet werden. Dies alles überfordere die Unterrichtsanstalt, die die Schule nun einmal sei.

Wenn die Schule den damit bezeichneten Erziehungsauftrag nicht erfüllen kann, dann muß die Gesellschaft ihn anderen Einrichtungen übertragen und mit ihm einen beträchtlichen Teil der Zeit und Aufwendungen, die die Schule bisher allein beansprucht. Zwischen dem 6. und 13. Schuljahr »gehören« ihr die Schüler bis auf wenige Nachmittags- und Abendstunden und die Ferien, die ihrerseits dem Ausgleich für den Unterricht dienen, nicht planmäßiger Erziehung. Ich stelle mir vor: Die Schule tritt ein Drittel ihrer Zeit an Pfadfinder, Vereine, die Bündischen Jugendverbände, Sommerlager, *outward bound schools* und noch zu schaffende Institutionen ab, in denen die Kinder und jungen Menschen das erfahren, was die Schule ihnen vorenthält: die Gemeinschaft, die Natur, das Abenteuer, die Arbeit, die nützliche Tat für andere. Bei den Kleinen wird es um einzelne Tage in der Woche, bei den Mittleren um mehrere Einheiten von zwei bis vier Wochen, bei den Großen um einen Block von mehreren Monaten im Jahr gehen, sagen wir zwölf Wochen *work-camp* und drei Wochen Ferien in der Zeit von Juni bis September. Finanziert wird das Ganze durch die Einsparungen beim formalen Unterricht, der Schule also, und bei den Kosten, die die Gesellschaft sonst für Kriminalitätsbekämpfung, Jugendgefängnisse, Fürsorgeerziehung und Sozialpädagogik aufwenden muß. Bisher schien es mir realistischer und pädagogisch sinnvoller, die Schule würde sich in einen Lebens- und Erfahrungsraum verwandeln, um ihre Erziehungsaufgabe wahrnehmen zu können. Aber, man sieht es, ich beginne zu resignieren. Nicht freilich mit der Forderung: der Staat solle sich endlich zu einem sozialen Jahr für alle jungen Menschen nach Abschluß der Schule entschließen (und sich bei mir vorher erkundigen, worauf es dabei ankommt).

Wer Pädagogen sagt, was sie tun sollen, hat es doppelt schwer: Er weckt ihren Widerstand, und er muß angeben, wie es geht. Leichter hat er es, wenn er ihnen sagt, welchen Vorstellungen sie, bitte, lieber kein Gehör schenken sollten – zum Beispiel denen der organisierten Philologen. Auf dem Gymnasialtag 1998 haben sie folgende rettende Maßnahmen angesichts »einer Qualitätskatastrophe zur Jahrtausendwende« gefordert:

- Leistungsbewertung und Zeugnisse mit Ziffern in der Grundschule;
- verbindliche Schullaufbahnempfehlungen derselben;
- homogene Lerngruppen;
- Lehrpläne und Richtlinien, Versetzungs- und Abschlußbedingungen, die Qualität nicht nur ermöglichen, sondern einfordern;
- eine verbesserte Ausstattung der Schulen mit aktuellen Lehr- und Lernmaterialien (*Bildung aktuell* 3/98, S. 7).

Die Realschullehrer meinen, die zukunftsfähige Schule verlange vor allem einen nach Fächern strukturierten Unterricht im Klassenverband, der »solide Fachkenntnisse« und »grundlegendes Verfahrenswissen (Methodenkenntnisse)« vermittelt (*Bildung aktuell* 2/98, S. 5). Drei Lehrerverbände wünschen sich eine zentrale Abschlußprüfung an Haupt- und Realschulen (FAZ, 9. 4. 98), und unter ausdrücklicher Berufung auf die Grundsatzrede des Bundespräsidenten verlangen gleich sechs Lehrerverbände die Wiederherstellung des Fächer- und Fachlehrerprinzips, eine hundertprozentige Unterrichtsabdeckung, eine Stärkung des Lehrers durch Schaffung von neuen Beförderungsmöglichkeiten, mehr verpflichtende Kurse auf der Oberstufe.[20] Ihnen schwebt eine anspruchsvolle leistungsorientierte Schule »ohne Kuschelecken« vor. – Welch eine Unterschätzung der Absichten des Bundespräsidenten und der Probleme, die hinter der neuen Bildungskrise stehen!

Eine andere Mahnung des Bundespräsidenten, nämlich nicht nur den »höchsten Abschluß« zu honorieren, hat niemand aufgegriffen. Das war ja auch das Programm der »anderen« – der Gesamtschulen, der Kollegstufe, der Waldorfschulen, der linken Reformer. Diese waren wegen der »Vergleichbarkeit der Leistungen« an den »integrierenden« Einrichtungen gezwungen, die gleichen Ergebnisse vorzuweisen wie das dreigliedrige Schulsystem, das hierarchisch auf ebenjenen »höchsten Abschluß« ausgerichtet ist. Angesichts des fortgesetzten Abbaus von Erwerbsmöglichkeiten für die großen Massen der Arbeiter und Angestellten durch Rationalisierung muß der Appell des Bundespräsidenten freilich im Nichts verhallen.

Einer Erziehung zu beidem, zu Mündigkeit und Gemeinsinn, zu Selbstbestimmung und Nützlichkeit – eine Erziehung für eine noch offene und nicht beliebige Zukunft, die auf natürliche Weise einschließt, was als »Werteerziehung« gefordert wird, liegt im Widerstreit mit allem, was darauf angelegt ist, Menschen ans Gängelband zu nehmen, sie dem für gut Gehaltenen zu unterwerfen, sie vor dem für falsch Gehaltenen von vornherein zu bewahren, statt sie zu Leistung und Urteil, zu Selbstdisziplin und Selbstkritik, zu freiwilliger Abstinenz und zur Nutzung ihrer Möglichkeiten zu befähigen. Ich nenne Beispiele für (die vielen) Maßnahmen, die heute im Geist der Verzagtheit und im

Ton der Entschlossenheit überall in Behörden und Verbänden, in Parteien und in Stiftungen vorgeschlagen werden:

- Die »Qualitätssicherung« genannte Verschärfung der Kontrolle: Was die Schulen »erreichen«, soll durch stetige und »einheitliche Leistungstests« überprüft und das Ergebnis veröffentlicht werden, wodurch – wie es heißt – die Lehrer »motiviert« würden (FAZ, 27. 4. 98). Die Folge dürfte sein, daß die Schule und ihre Lehrer erstens alle das gleiche tun, damit die Leistungen vergleichbar sind, und zweitens die Mittelmäßigen und Schlechten unter ihnen ihr Risiko durch Druck und Routine zu minimieren suchen.
- Die absichtliche Einschränkung der Selbständigkeit auf der Oberstufe: Der sächsische Wissenschaftsminister verlangt, es dürfe im Kernbereich des Unterrichts »keine Wahlfreiheit« mehr geben, sowohl hinsichtlich der Fächer als auch der Inhalte (FAZ, 11.6.98). Ist man also für die Welt und die Wissenschaft »reif«, wenn man nur Vorgeschriebenes gelernt hat und nicht auch zu wählen, zu entscheiden, zu begründen? So wird man nur die schon Geordneten ordnen! – Davon abgesehen, daß *jeder* Versuch einer gemeinsamen Kanonisierung der Inhalte seit 1953 theoretisch und praktisch gescheitert ist.
- Die Herabsetzung des Alters für die volle Straffähigkeit oder die vermehrte Einweisung schwieriger, schon entgleister Jugendlicher in geschlossene Heime, ohne daß man garantieren kann, daß sie sich dort nicht gegenseitig weiter verderben: Bewährungsmöglichkeiten ausfindig machen und einrich-

ten ist mühsam und teuer, die Verhinderung durch Einzäunung dagegen scheint sicher, ist es aber doch nur für den Augenblick. Liest keiner derer, die dies vorschlagen, die erschreckenden Statistiken über Rückfälligkeit und die bedrückenden über Resozialisierung?

– Die Abtrennung der Kinderwelt von der Erwachsenenwelt: Der V-Chip, den man in Amerika einzuführen im Begriff ist und der nun auch in Deutschland erwogen wird (FAZ, 29. 6. 98) – er wird ins Fernsehgerät gesteckt und reagiert auf ein Signal, mit dem dann alle Sendungen jugendgefährdender Art zu imprägnieren wären –, schützt in erster Linie die Unarten der Erwachsenen und läßt sie den Kindern und Jugendlichen (die ja doch »an die Sachen rankommen«) als Kriterium des Erwachsenseins erscheinen. Im Gegenzug wollen immer mehr Politiker und Experten das Wahlalter für Jugendliche herabsetzen – mit sechzehn, gar vierzehn sollen sie über die Geschicke anderer in den Gemeinden mitentscheiden und dürfen nicht einmal über ihr wirklich Allereigenstes, ihren Körper, selber verfügen.

Den Aufgaben, mit denen wir es an der Schwelle zum 21. Jahrhundert aufzunehmen haben, können Maßnahmen nicht dienen, die auf äußerem Zwang, auf Homogenisierung der Gruppe und auf bloßer Steigerung einer abstrakt definierten Leistung fußen. Ihre Bewältigung beruht auf freiwilliger Beteiligung möglichst vieler, auf Nutzung aller Gaben des Menschen, auch der nicht unmittelbar vermarktbaren, auf Bescheidung in den materiellen und Anspruch in den moralischen, geistigen und ästhetischen Bedürfnissen. Keiner der sechs Verpflichtungen unserer Gesellschaft, vor allem aber nicht der sechsten – zur Achtung der Würde des einzelnen – werden wir gerecht, wenn unsere Bildungseinrichtungen nach oben auslesen, ohne eine Aufgabe für die bereitzuhalten, die unten übrigbleiben.

Eine Antwort hierauf ist ganz und gar unannehmbar: Es gehe eben nicht anders! Das hieße, die Dinge treiben lassen, wäre die Willfährigkeit, das Unvermögen, einen eigenen Willen zu fassen, die Verneinung der Mündigkeit, die uns den Nationalsozialismus beschert haben und die anzuprangern der nicht aufhören kann, den die Aufklärung geprägt hat.

IV.
Die Klärung des Gemeinwohls
Das Parlament und die Bürgergesellschaft

In Teil II hatte ich die Kompetenz der Pädagogik geprüft. Ihr sind in der Wirklichkeit deutliche Grenzen gesetzt – in den machtvollen Miterziehern und Mitverziehern. Einer von diesen nimmt eine Sonderstellung ein, weil die Pädagogik nicht nur mit ihm konkurriert, sondern zu ihm hinführt. Ich meine die Politik. Einerseits ermöglicht die Pädagogik die Demokratie, indem sie die jungen Menschen in deren Prinzipien und Funktionsweisen einführt, bevor sie sie als Bürger erfüllen. Andererseits muß zwar alles bisher Gesagte zuerst einmal von einzelnen Lehrerinnen und Lehrern, Eltern, Schulbeamten, Kollegien, Gemeinden gedacht und geprüft, bejaht und gefordert sein – besiegelt und ermöglicht wird es dann freilich durch Politik, und das heißt bei uns: nach den Verfahrensregeln und durch die Institutionen der Demokratie.

Wie geht das zu? Abgesehen von dem Weg über die Expertenausschüsse und Programme der Parteien (diesen werde ich mich im folgenden ausführlich widmen) gibt es die unmittelbare Beratung der Politik durch Wissenschaftler, die entweder darum gebeten werden oder die ungebeten mit ihren Expertisen in die Öffentlichkeit treten. Ein Beispiel für das letztere ist dieses Buch; ein Beispiel für das erstere die später in großer Auflage verbreitete Denkschrift einer von Ministerpräsident Rau eingesetzten Bildungskommission NRW mit dem Titel »Zukunft der Bildung – Schule der Zukunft« (1995). Beides hat Vor- und Nachteile – und beides hat mit Demokratie eigentlich wenig zu tun.[21] Eher schon die von der Landesregierung Nordrhein-Westfalen beschlossene Unterstützung der Bildungsverwaltung und -reform durch eine wissenschaftliche Beobachtungs- und Experimentalstation: die Laborschule der Universität Bielefeld; sie mußte ja im Haushalt ausgewiesen und dieser durch das Parlament genehmigt werden.

Natürlich begründet das noch nicht hinlänglich, warum ich zwei Gegenstände – Schulreform und Parlamentsreform – zusammenbringe, die in der öffentlichen Wahrnehmung getrennt sind. Ich tue es, weil ich von den in Teil I aufgeführten »Aufgaben«, für die die jungen Menschen durch Erziehung und Bildung gerüstet werden sollen, die Erhaltung der Demokratie für die offenkundigste und überzeugendste halte, die uns zugleich auf die beschämendste Weise mißlingt. Wenn in Sachsen-Anhalt im April 1998 Wahlumfragen zufolge 30 Prozent der Erstwähler ihre Stimme der Deutschen Volksunion (DVU) gegeben haben; wenn laut einer Wahltagsbefragung durch infratest 23 Prozent der Lehrlinge im Ostteil und immerhin 11,5 Prozent im Westteil Berlins angaben, rechtsextrem wählen zu wollen; wenn im Ostteil weitere 11,3 und im Westteil 7,7 Prozent der Jungwähler der PDS ihre Stimme zu geben vorhatten; wenn also in Ost-Berlin die demokratiekritischen Parteien rechts und links so viele Anhänger finden wie SPD, CDU und Grüne zusammen; und wenn schließlich 41 Prozent der Schüler an

Ostberliner Gymnasien und 36 Prozent der Ostberliner Auszubildenden gar nicht zur Wahl gehen wollen[22] – dann droht zwar nicht »eine ganze Generation für die Demokratie verlorenzugehen«, wie der Sozialforscher Hans Merkens von der Freien Universität dazu bemerkt, aber es liegt zutage, daß in fast zehn Jahren die Erziehung zur Demokratie an diesen jungen Leuten wenig ausgerichet hat, und dies unter doch eigentlich günstigen Voraussetzungen!

Es ist eine alte demoskopische Beobachtung, daß sich mit sinkendem Wohlstand und gleichzeitig abnehmenden Sozialleistungen der Einsatz für die *res publica* nicht etwa erhöht (obwohl sie ihn offenbar braucht), sondern vermindert. Aber wenn man nach einer entbehrungsreichen Diktatur in der neuen auskömmlichen und halbwegs solidarischen Gesellschaft nicht lernt, wozu die Demokratie da ist, nicht nämlich alle Menschen reich zu machen, sondern die kostbaren Grundrechte eines jeden Bürgers zu sichern, ja daß sie nicht mit dem Markt und mit *rugged individualism* identisch ist, dann sollte das alarmieren – dann hat man das Instrument verkannt und gefährdet, mit dessen Hilfe sich eine Gesellschaft vor Selbsttäuschung und Selbstpreisgabe bewahrt; sie kann dann von heute auf morgen das Opfer von berauschten Mehrheiten und entschlossenen »Führern« werden. Darum ist ja die Befähigung zum Bürgersein in einer Demokratie der erste und wichtigste Auftrag der öffentlichen Schule. Und weil er über den anderen lauten Anforderungen an sie immer wieder aus dem Bewußtsein gerät, muß eben immer wieder an ihn gemahnt werden.

Wenn die Wirkungen der öffentlichen Schule in dieser Hinsicht so gering sind, dann liegt das freilich nicht nur an ihr, sondern an der erlebten Demokratie selber. Und dies wiederum hat mit einem sich immer tiefer einschleifenden Fehlverständnis ihres wichtigsten Organs, des Parlaments, zu tun. Es wird nötig sein, die »Lehre von der Demokratie« wiederzulesen und das Parlament selber energisch an den ihm zugedachten Funktionen auszurichten. Solange das nicht geschieht, wird eine »Erziehung zur Demokratie« wenig ausrichten. Diese stellt ja gleichsam die Zusammenfassung der Erziehungs- und Bildungsaufgaben dar, die ich in Teil I aufgestellt habe. Ja, Demokratie *ist* zwar eine Institution, aber sie *beruht* auf den Grundwerten und Prinzipien unserer geschichtlichen Kultur – sie alle werden gebraucht und geübt, wo man die Demokratie verwirklicht, gestaltet, bewahrt.

Ein anderer Grund für die Verknüpfung der Frage nach einer »Werteerziehung« mit der Frage nach der Tauglichkeit der »parlamentarischen Demokratie« liegt in der Absicht, den Vorstellungen derer entgegenzutreten, die (»aus gegebenem Anlaß«, versteht sich) an der Kultusministerkonferenz Kritik üben und die entweder die deutschen Länder europaunmittelbar sehen wollen oder nach einem Bundeskultusministerium rufen. Das mag ja seine guten Gründe haben, aber die Frage, wo sich der pädagogische Wille einer Gemeinschaft bildet und klärt, wo die pädagogische Verantwortung abzurufen ist, wo die von John Dewey formulierte Aufgabe erfüllt wird (die Prüfung dessen, was die ältere Generation der jüngeren weiterzugeben oder zu ersparen für richtig hält; s.o. S. 57) – diese Fragen werden nicht mit der »Zuständigkeit« beantwortet, sondern einerseits mit der Formulierung des pädagogischen Auftrags und andererseits mit der

Wiederherstellung der *deliberatio* über das Gemeinwohl.

Sagen wir, der Auftrag sei (aufgrund der bisherigen Argumente): aus der bloßen Unterrichtsschule eine pädagogische Schule zu machen, dann müßte darüber ein Willensbildungsprozeß eingeleitet werden – nicht nur über die Strukturen, die Kosten, die »Gegenstände«, sondern in erster Linie über die damit zu lösenden Aufgaben, die damit zu erstrebenden Ziele, die darin zu pflegende Lebensart. Wären unsere Parteien-Parlamente mit den eingespielten Abstimmungsverfahren dazu tauglich? Sind sie nicht ständig verführt, den Stimmungen des Tages das Wort zu reden? Können sie einen so langsamen und langfristigen Vorgang wie »die Erziehung des Menschengeschlechts« in den kurzfristigen Aufregungen der Legislaturperiode überhaupt ins Auge fassen? – Ich bezweifle dies nicht nur für die Probleme der Bildung und ihrer Einrichtungen, ich bezweifle es auch für die anderen großen Fragen der Polis: Umweltschutz und Wirtschaftsordnung, Arbeit und Erwerbslosigkeit, Armut, Schwache, Ausländer unter uns, innere und äußere Sicherheit, die Belange der einen Welt ... Sie alle verlangen nicht »mehr Demokratie« und schon gar nicht »weniger Demokratie«, sondern eine wirklich parlamentarische, das heißt die Angelegenheiten gründlich erörternde und auf das Gemeinwohl ausrichtende Demokratie. Was ich damit meine, soll in diesem Kapitel deutlich werden.

Mein Fragstück ist die Demokratie. Wozu hat man sie erdacht und welche Erwartungen sollte man folglich *nicht* an sie haben? Erst wenn man dies gefragt und dies beantworten kann, wird man der *parlamen-*

tarischen Demokratie gerecht werden. (Um *unsere* Demokratie mit ihren historischen und aktuellen Leistungen geht es mir hier nicht.)

Ich bin überzeugt, daß wir die Demokratie nur bewahren können, wenn wir ihre angeborenen Schwächen, ihre Grenzen, ja, ihre Gefahren (und nicht nur Gefährdungen) kennen. Wir können uns nicht mit dem vielzitierten Aperçu von Winston Churchill abfinden: sie sei eine miserable Form des *government*, es gebe nur keine bessere. Das wird man eines Tages nicht mehr glauben: weil man die schlechteren alle beseitigt, sie nicht mehr erlebt und erlitten hat und nun doch auf etwas Besseres sinnt, was nur schlechter sein kann.

Die alte Generation hat die Diktatur des Hitler-Reichs und die Verwaltung durch eine fremde Militärregierung noch erfahren; die unmittelbar Nachgeborenen waren immerhin mit den Folgen befaßt.

– Mit den physischen Folgen: der Zerstörung, der Entbehrung, der Vertreibung.
– Mit den moralischen Folgen: der Ächtung von Autorität und Willkür, der Aufklärung von Schuld, der Vermeidbarkeit persönlichen und kollektiven Versagens, der Frage nach der Verantwortung.
– Mit den psychischen Folgen: der Scham, der Verdrängung, der Verkrampfung derer, die im totalitären System gelebt haben – ihrem gebeugten Gang, ihrer Obrigkeitsgläubigkeit, ihrer Aufbau- und Ordnungswut, ihrer Unfähigkeit *to speak their mind*.

Zugleich lernten sie selbst und lehrten ihre Kinder, daß sie auf der guten Seite der Welt leben: ein weltgeschichtliches Kontrastprogramm zum Leben in den sozialistischen Volksrepubliken. Die heute Zehnjährigen kennen keine Nichtdemokratie in Europa mehr. Für sie trifft nicht zu: Die Demokratie hat uns vor der Unfreiheit gerettet. Sie werden, sie können nicht mit Bestimmtheit sagen: Das und das *liefe* in einer Demokratie aber besser, denn »das und das« *läuft* immer schon in einer Demokratie und läuft dort nicht gut.

Kurz: Wir Alten sind für die Demokratie, weil wir wissen, wie scheußlich ihre Alternativen sind – und weil sie uns den Wohlstand beschert hat. Eine Generation, die den Totalitarismus nicht mehr kennt und die den für gegeben gehaltenen Wohlstand schwinden, in Armut, Arbeitslosigkeit, Unsicherheit absinken sieht, könnte in Zukunft anders über diese Staatsform denken:

- sie sei unfähig, unsere Probleme zu lösen, ja, sie auch nur ehrlich und sachlich zu formulieren;
- sie verschleppe alles, sei halbherzig, zu großen Taten unfähig;
- sie sei vor allem unsozial, gleichgültig gegen die Bedürfnisse der weniger tüchtigen Bürger und ohne Aufgabe für die tüchtigen.

Das vor allem läßt mich der Frage nachgehen: Was leistet die Demokratie *nicht*? Meine Antwort ist in zehn Abschnitte gegliedert. Jedesmal werde ich eine Bestimmung der Demokratie und eine daraus resultierende Erwartung formulieren; ich werde dann zeigen, warum diese nicht zu erfüllen ist.

1. Demokratie heißt: Das Volk herrscht. Das ist eine frohe Botschaft, offenbar. Wir werden nicht nur nicht beherrscht, wir haben das Sagen. Worüber? Nicht über andere Menschen (einen lieben schwarzen Skla-

ven z. B.), sondern über sperrige Verhältnisse. Herrschen ist Sachwaltung – vermutlich die komplizierteste, die es gibt.

Schon Sokrates fand, daß diese Aufgabe für Menschen, die auch noch Beruf, Besitz, Familie haben, zu schwierig sei. Politik sei doch nicht weniger anspruchsvoll, als Schuhe machen oder Pferde züchten oder Häuser bauen, und in all diesen Fällen bestehen wir auf dem Fachmann. Das »Herrschen«, das uns da zugestanden wird, ist eine weitläufige und höchst abstrakte Angelegenheit: Erhebung und Bereitstellung von Geldern; Sicherung der Bedingungen für Wohlstand, Gerechtigkeit, Frieden; Regelung von Beziehungen, vor allem von Abhängigkeiten, damit gerade keine Herrschaft aus ihnen werde; und dies für eine ungeheure Zahl von sehr verschiedenen Menschen unter sich dauernd wandelnden Gegebenheiten.

Solche Sachwaltung durch Laien – immer schon widersprüchlich – wird in einer Welt durchgehend spezialisierter Verhältnisse zu einer Farce, einem Betrug, ja einem Unglück – auch für die »Herrscher«. Sie können sie ja nicht einfach seinlassen. In unserer Welt »darf« nicht, es »muß« geherrscht werden.

2. Diesem Einwand gibt die neuzeitliche Demokratie statt: Das Herrschen besorgen Leute, die das Geschäft, das man nun Regieren nennt, verstehen. Nicht das Regieren, sondern die Regierung wird vom Volk bestimmt und kontrolliert: *Government by consent.* Die Demokratie hat zurückgesteckt und an Plausibilität gewonnen.

Aber Kontrolle ist nicht leichter als selber handeln und gewiß weniger befriedigend. Der Kontrolleur muß die Voraussetzungen und Folgen der Maßnahmen prüfen, sie also verstehen, und er ist immer verantwortlich. Die Verantwortung für das, was eine demokratische Regierung tut, trägt das Volk. Wenn es das nicht tun kann oder will, hat es keine Demokratie.

In alten Zeiten konnte man sagen: In der wahren Republik herrschten im genauen Sinn nur die Gesetze – Gesetze, die es von ihrer Gründung her gibt; insofern müsse auch nur geprüft werden, ob die Regierungshandlung den Gesetzen entspricht. Aber in der sich verändernden Welt der Neuzeit braucht man dauernd neue Gesetze, und Gesetze machen ist noch schwieriger als beides, das Regieren und das Kontrollieren.

3. Darum wählt das Volk kundige Personen, die es bei der Ausübung dieser Funktionen vertreten: der Funktion des Gesetzemachens und der Funktion des Kontrollierens der Regierung, ja in den meisten heutigen indirekten Demokratien auch bei der Wahl des Regierungschefs. Diese Vertreter sollen kompetent und frei sein – frei auch gegenüber ihren Wählern, deren Kompetenz ja gerade nicht genügte. Wer findet sich dazu bereit, und wie findet man ihn oder sie? Nein, nicht »man«, sondern du und ich, wir, die wir in unseren Berufen beschäftigt sind und von den 60 Millionen Erwachsenen in unserer Republik vielleicht 60 oder auch 600 einigermaßen gut kennen!

Es gibt dafür Wahlorganisationen, die – nicht von uns beauftragt – eine Vorauswahl treffen. Von ihnen ist der Kandidat abhängig. Er ist vollends nicht frei, wenn diese Organisationen für bestimmte Ideen und Interessen eintreten, die nun auch er zu »vertreten« gehalten ist. Das widerspricht seiner Bestimmung: Er soll selber urteilen, und zwar aufgrund der nicht vorhersehbaren, weil ihrerseits als frei gedachten Meinungen der anderen Vertreter. Dies eben wäre seine Kompetenz.

4. Ein Volksvertreter soll die Fähigkeit haben, gute Gesetze zu machen und für diese einzustehen. Was ist ein »gutes Gesetz«? Der Maßstab hierfür findet sich in der Verfassung, die oft nur die Zuständigkeiten und Prozeduren regelt, meistens aber auch (wie bei uns) Grundwerte und an sie geknüpfte Grundrechte und Grundpflichten ausweist. In jedem Regierungsakt und in jeder Gesetzgebung muß der Sachverhalt auf das Grundgesetz hin ausgelegt werden. In einer pluralen Gesellschaft aber weichen die Auslegungen natürlicherweise und oft erheblich voneinander ab, also auch innerhalb der Volksvertretung. Es bedarf mithin eines Maßstabs oberhalb des Maßstabs der -zig Paragraphen der jeweiligen Verfassung. Dieser Maßstab ist – in der Theorie der Demokratie – die Idee des Gemeinwohls. Einfacher wäre es, es stünde da »die Idee der Gerechtigkeit« oder der »Freiheit«, oder des »Wohlstands«, oder des »Friedens«, oder gar des »Ruhms und der Ehre des Vaterlandes«. Aber sie alle sind nur Teil des Gemeinwohls. Auch bleiben in einer gerechten, freien, reichen, befriedeten, stolzen Gemeinschaft die Beschränkungen des Individuums das Hauptproblem. Sie fordern ein Regulativ, ein gedachtes *bonum commune*.

Das Gemeinwohl ist nicht bekannt wie der Winterfahrplan der Deutschen Bahn, nicht errechenbar wie der Bedarf an Sitz-Pappkartons für den Deutschen

Evangelischen Kirchentag. Es ist schwer zu fassen, aber es meldet sich sofort, wo es verletzt wird. Für die Politik einer demokratischen Republik genügt das. Totalitäre Regime behaupten zu wissen, was das Gemeinwohl ist, und setzen es durch. Am Beispiel: Wir haben 4 Millionen Arbeitslose. Das entspricht sicher nicht dem Gemeinwohl. Wären deshalb eine gesetzliche Wiedereingliederung der Arbeitslosen, ein staatliches Arbeitsprogramm (sagen wir diesmal: nicht Autobahnen, sondern soziale und ökologische Dienste), ein gesetzlicher Kündigungs- und Rationalisierungsschutz, eine gesetzliche Senkung der Löhne, eine gesetzliche Einfuhrbeschränkung für ausländische Güter, ein Zuwanderungsverbot für arbeitsfähige Menschen schon Maßnahmen im Sinne des Gemeinwohls? Natürlich nicht. Das Gemeinwohl geht nicht in einzelnen Maßnahmen auf und kommt auch nicht durch ihre Addition zustande.

5. Über das, was dem Gemeinwohl dient, muß sich die Volksvertretung verständigen – immer neu, von Fall zu Fall. Wegen dieser notwendigen Erörterung heißt sie »Parlament« – von *parlare*, »reden«. Was auch nur einige Vertreter nicht überzeugt, bleibt im Verdacht, nicht das Wohl aller, nicht das Ganze zu fördern, sondern nur einen wenn auch großen Teil des Gemeinwesens. Der anspruchsvolle Gedanke, der dem Parlament zugrunde liegt, ist: In dem ausgewählten Kreis seien erstens die möglichen verschiedenen Positionen zur Sache vertreten, mindestens aber zwei (die Opposition ist institutionalisiert), und zweitens sei die Lösung zu suchen und zu finden, der alle zustimmen können, weil sie »auf das Ganze gesehen vernünftig«

ist. Der Mehrheitsentscheid ist eine Notauskunft für die Fälle, die nicht warten können, bis der Überzeugungsprozeß unter den Volksvertretern dieses Ziel erreicht hat. (Die Fälle sind häufig!)

Dafür hat man die notwendigen Voraussetzungen geschaffen: Das Gremium ist souverän; es gibt sich selbst eine Geschäftsordnung, legt seinen Zeit- und Arbeitsplan selbst fest, beschließt die Öffentlichkeit oder Nichtöffentlichkeit der Sitzungen; es gibt eine Bannmeile, damit es nicht dem Druck der Straße ausgesetzt ist; die Abgeordneten sind nur ihrem Gewissen verantwortlich; sie können nicht gerichtlich belangt werden, ohne daß das Parlament ihre Immunität aufhebt; sie werden bezahlt und für ihre Auslagen steuerfrei entschädigt, damit sie ja tun können, was für ihre Aufgabe nötig ist; in vielen Parlamenten darf die Redezeit nur mit einer Zweidrittelmehrheit beschränkt werden – alles, damit die Beratung, die Abwägung, die *deliberatio* wirklich wie gedacht vor sich gehen kann: parlamentarische Demokratie meint den Schutz dieser Überzeugungsprozesse.

Die Parlamente selber aber nutzen ihre Souveränität, um anders zu handeln, und die Theorie ist der Praxis längst gefolgt:

- die Möglichkeit einer einvernehmlichen Lösung im Blick auf das Gemeinwohl wird gar nicht erst angenommen;
- man rechnet von vornherein mit dem Mehrheitsbeschluß;
- man weiß die Lösung schon, bringt sie nicht als hypothetischen Vorschlag oder als möglichen Zweifel ein, sondern als fertiges Gesamtprogramm (man spricht anschaulich von einem »geschnürten Pa-

ket«) mit einem ebenso fertigen Abstimmungskalkül;

- wo man dies nicht mit Sicherheit aufstellen kann, hält man sich bedeckt: »Vor der Wahl – keine Stellungnahme zu X«, heißt es; oft sind es die wichtigsten Fragen, diejenigen, um derentwillen der Bürger wählen geht.

Der moderne Theoretiker der Demokratie Joseph A. Schumpeter definiert diese als ein Verfahren, in dem man »Entscheidungsgewalt« durch einen »Wettbewerb um die Wahl durch das Volk« erwirbt (Schumpeter, S. 427). Mit der Wahl ist der demokratische Teil des Herrschens schon absolviert. Nun hat man Entscheidungsgewalt, jedenfalls für die bevorstehende Legislaturperiode. Die »Wahlkomitees«, sie heißen Parteien, dienen hier nicht mehr nur der Findung und Bereitstellung wählbarer Personen, sondern der Formulierung der Themen, Interessen, Gegensätze und also Programme und planen die möglichen Mehrheiten. In der Einrichtung, in der die Vertreter des Volkes den Gemeinwillen auf das Gemeinwohl richten sollen, handeln nun Vertreter von Interessengruppen ihre Machtanteile aus. Die Regierung wird ernstlich nur noch von denen kritisiert und kontrolliert, die sie nicht gewählt haben – von der Opposition.

Für den klassischen Theoretiker der Demokratie Jean-Jacques Rousseau ist diese dagegen ein Verfahren, durch das der Bürger als Souverän (= Gesetzgeber) herausfindet, was er dem Bürger als Untertan (= dem Gesetz Unterworfenen) zumuten kann, und umgekehrt, was der einzelne Bürger von der Gemeinschaft der Bürger erwarten darf. In diesem Verfahren erst bildet sich der Gemeinwille; sein Programm entsteht in der Erörterung. Wahlabsprachen, bei denen man seine Meinung in der einen Frage zugunsten der Durchsetzung in anderen Fragen preisgibt, und vollends Entscheidungen, durch die 51 Prozent die übrigen 49 Prozent majorisieren, zerstören den Gesellschaftsvertrag, der das Gemeinwesen konstituiert.

»Der Wille des Volkes« ist ein falscher, ein täuschender Ausdruck. Es gibt immer nur – unterschiedlich große – Summen von Einzelwillen, -meinungen, -stimmungen zu Einzelfragen. Diese müssen ausdrücklich und isoliert von anderen Fragen gestellt worden sein. Die Aussage »Der Wähler hat entschieden – hat uns mit einer Koalition beauftragt« ist unwahr. In Wirklichkeit haben die für ein rotes oder grünes oder schwarzes Programm abgegebenen Stimmen nur keine andere Möglichkeit gelassen. (Dies freilich kann sich der Wähler auch vorher ausrechnen – er kann es billigend in Kauf nehmen und insofern »planen«.)

6. Daß sich die parlamentarischen Demokratien – nicht nur die unsere – von ihrer Grundidee entfernt haben, hat verständliche Gründe. Ich nenne vier: die Rolle der Öffentlichkeit (a), die Rolle der Medien (b), die Rolle der Demoskopie (c), die Rolle der Größenordnungen (d).

a) Es gibt eine aufmerksame und eine träge Öffentlichkeit. Die erste ist bemüht, die zweite zu mobilisieren – um der eigenen Sicherheit willen. Ausländerfeindlichkeit, achtlose Entsorgung gefährlicher Stoffe, bedenkliche wissenschaftliche Experimente – Taten weniger – sollen die Mehrheit nicht gleichgültig lassen. Diese Mobilisierung geschieht durch Dramatisierung,

Polarisierung, Simplifizierung: Es bilden sich Parteien. Solche Vorgänge kann man nicht aus dem Wahlvorgang heraushalten (»Es geht um die Wahl der Besten«) und macht sie darum zum Gegenstand der Wahl selbst (»Es geht um die Repräsentation der in der Bevölkerung vorhandenen Positionen im Verhältnis ihrer Stärke«). Das ist die Ratio des Artikels 21,1 des Grundgesetzes: »Die Parteien wirken an der politischen Willensbildung des Volkes mit.«

Viele wünschen sich ein Parlament, das gleichsam eine Aristokratie in der Demokratie darstellt. Sie sind enttäuscht über die der Sache nicht zuträgliche Polemik, den rabiaten Ton, die eitle Selbstdarstellung, die »Parteilichkeit« der Abgeordneten. Aber das Parlament muß, ja, soll auch Spiegel unserer Gesellschaft sein – wie denn die Demokratie nicht eine uns zufällig zuteil gewordene Staatsform ist, sondern der politische Ausdruck des gegebenen und gewollten Pluralismus. Und je mehr wir die Unterschiede in unserer Gesellschaft wahrnehmen, zulassen und bejahen, um so anstrengender wird die gemeinsame Regelung gemeinsamer Angelegenheiten. Parteiung, Parteilichkeit, Parteienstreit gehören zur Substanz der demokratischen Politik.

b) Die Medien verstärken dies nicht nur, sind nicht nur eine moderne Form des antiken Marktplatzes. Indem sie vielen Millionen die gleichen Vorstellungen von immer neuen, immer nur kurz und grell beleuchteten, immer allzu vielen Ereignissen geben, steigern sie die Möglichkeit kollektiver Reaktion und damit die Verführung zum Populismus. Die Parlamentsreden werden »zum Fenster hinaus« gehalten – das Fernsehen hat es weit geöffnet. Da es dem Fernsehen selber um Einschaltquoten geht, tritt die Entfachung öffentlicher Erregung häufig an die Stelle öffentlicher Aufklärung, die die eigentliche demokratische Funktion der Medien ist.

Und wieder folgt all dies logisch aus der Tatsache, daß die Wahl zum entscheidenden politischen Akt geworden ist. Der Abgeordnete sucht gar nicht die Zustimmung der anderen Abgeordneten, sondern die der Wähler.

c) Auch für die Demoskopie kann man demokratische Funktionen finden; ihre bei weitem stärkste politische Wirkung freilich ist, daß die Politiker sich besser davor hüten, unpopuläre Lösungen vorzuschlagen, obwohl gerade sie oft nützlich und notwendig wären.

d) Als ausreichender Grund für die Abkehr der Parlamente von ihrer Urfunktion dürfte ihnen selbst die ins uferlose anwachsende Agenda sein – und die große Zahl der Abgeordneten. Es ist einfach praktischer, wenn es im Parlament so zugeht, wie es der Staatsrechtler und Verfassungsrichter Gerhard Leibholz geschildert hat: daß sich dort »weisungsgebundene Parteibeauftragte treffen, um bereits getroffene Entscheidungen registrieren zu lassen« (Leibholz, S. 94), praktischer, als wenn dort die Absichten auf ihre Tauglichkeit fürs Gemeinwohl geprüft werden.

Die Gründe für die Preisgabe der ursprünglichen Aufgabe des Parlaments sind einleuchtend, aber sie selbst bleibt nun unerfüllt.

7. Die Demokratie zeichnet sich durch die Gewaltlosigkeit des Machtwechsels aus. Im Grunde heißt das: Jede Regierung muß sich so verhalten, daß sie nach ihrer Ablösung durch eine andere wiedergewählt werden kann – wenn man ihre Fehler vergessen oder verschmerzt oder mit denen ihrer Nachfolgerin verglichen und für leicht befunden hat. Das beruhigende Mittel hierzu ist die Periodizität der Wahlen. Es ist freilich auch ein beunruhigendes Mittel. Die Regierung braucht Zeit für die Erfüllung ihres Programms und bangt, ob die vier oder fünf Jahre, die die Amtsperioden heute im allgemeinen dauern, reichen werden, um die Bürger von ihrer Politik zu überzeugen. Auf der Hälfte der Zeit beginnt schon die Vorbereitung der nächsten Wahl. Die Opposition hat umgekehrt die Sorge, daß die Republik zu weit auf dem aus ihrer Sicht falschen Weg gehen könnte und daß die Schäden dann nicht reparierbar sein dürften. Viele Entscheidungen haben weitreichende, einige haben uneinholbare Wirkungen, zum Beispiel die Genehmigung von Kernkraftwerken, die Einführung einer neuen Währung, das Aufgehen des eigenen Landes in einer größeren Einheit, die Privatisierung von Post und Bahn, Straßenbau und Energieerzeugung, Fernsehen und Polizei. Einst galt es als Vorteil der Demokratie, daß die Fehler, die die Regierung macht, so groß nicht sein können, weil die Machtbefugnisse geteilt und zeitlich begrenzt sind. Fehler sind, so hieß es, in einer Demokratie korrigierbar.

Der Konflikt zwischen denen, die weit vorausdenken, und denen, die kurzfristig greifbare Vorteile im Auge haben, gehört genau zu den Gegenständen, für deren Erörterung es ein demokratisches Parlament gibt. Aber weil dieses selber nur ein kurzes Leben hat und weil man sich mit Mehrheitsbeschlüssen abgefunden hat, kommt der Konflikt dort nicht zum Austrag. Minderheiten mit Bedenken werden ein über das andere Mal von Mehrheiten ohne Bedenken überwältigt.

In unserer schnellebigen Zeit tauchen immer mehr Probleme plötzlich auf und fordern schnelle Lösungen, mit denen noch niemand Erfahrungen hat. Das wieder steigert die Besorgnis der einen und trägt ihnen bei den anderen das Odium der Verhinderer und Schwarzseher ein. Sie werden sich in der parlamentarischen Demokratie nicht aufgehoben fühlen und aus ihr ausbrechen. Der Anlaß zu außerparlamentarischer Opposition kehrt wieder und wächst an – solange man die parlamentarische Mehrheit zur *volonté générale* erklärt und die Minderheit auf den langen Marsch, der dort hinführt, verweist. Gorleben verlangt andere Formen der Auseinandersetzung, als unsere Demokratie derzeit hat.

8. Demokratie ist Politik mittels Verständigung – ein Verfahren, das vor allem kleinen Einheiten menschliche und vernünftige Lösungen verspricht. Sie überzeugt unmittelbar in der antiken *polis* und in den Townships von Neuengland. Rom kannte keine Demokratie. Nach Rousseau nimmt, wie oben (S. 37) zu lesen war, die Tauglichkeit der Demokratie mit der Größe des Gemeinwesens ab. So richten sich viele Hoffnungen auf eine mit den großen Zusammenschlüssen notwendig einhergehende Dezentralisierung und Deregulierung. Unsere Demokratie wäre dann wieder unsere Stadt; wir wären aufgrund der

Lebensnähe der Probleme wieder für ihre Regelung kompetent und könnten alle, auch unsere Jugendlichen unter 18, an ihr beteiligen.

Aber dies ist eine Täuschung: Weder über unsere Posemuckeler Mülldeponie noch über unsere Wasserversorgung und -entsorgung, weder über unsere Umgehungsstraße noch über unser windgetriebenes Elektrizitätswerk, weder über unsere Schule noch über unser Stadtbad können wir entscheiden, ohne Auswirkungen auf andere zu kennen und zu berücksichtigen. Die Aufteilung der Politik derart, daß Bürger ihre Kommunen direkt verwalten, Funktionseliten hingegen die Landes-, Bundes- und Europapolitik treiben, kann nicht funktionieren.

9. Da die Demokratie kein Zustand ist, sondern eine dauernde Selbststeuerung und Selbsterneuerung durch Selbstkritik und Anpassung, kann es in ihr eine Demokratiekrise eigentlich nicht geben, sondern immer nur Regierungskrisen. Aber es kann sehr wohl eine Staatskrise geben – prinzipielle Zweifel, ob der Staat (wie auch immer verfaßt) seine Aufgabe noch erfüllen kann. Wenn die Kohäsionskräfte der Gesellschaft tatsächlich zerfallen, wird keine staatliche Maßnahme dies aufhalten (und schon gar keine Technik – sie wird vielmehr diesen Zerfall mitverschuldet haben). Solche Befürchtungen ergreifen viele, auch Politiker, die im Dienst des Staates stehen. Diese suchen das Heil in der Übertragung von immer mehr Funktionen des Staates auf private Unternehmer – was ein neues großes Thema eröffnet, das hier nicht behandelt werden kann. Wer aber Probleme mit der Demokratie hat, muß prüfen, wie viele seiner Zweifel nicht dieser, sondern dem

Staat gelten, der die Entwicklungen nicht mehr zu steuern vermag, in die er selber verstrickt ist – als größter Kapitaleigner, größter Arbeitgeber, größter Investor, größter Bankier in der Gesellschaft. Dies hat mit der Preisgabe des Primats der Politik zu tun; in allen fortgeschrittenen Gesellschaften hat die Politik die Führung und ihren Handlungsspielraum an Wirtschaft und Technik verloren. Europa – der europäische Zusammenschluß – wird dies verstärken. Das Geschrei, das man um die Brüsseler Bürokratie macht, täuscht. Diese sorgt ja gerade dafür, daß alle nationalen Maßnahmen streng auf ihre Marktfreundlichkeit hin geprüft werden: ob eine Bestimmung zum Schutz der Verbraucher nicht ein verkappter Versuch ist, Konkurrenten abzudrängen, ob die Arbeitsvermittlung durch öffentliche Stellen oder die Finanzierung eines öffentlichen Fernsehens durch Gebühren nicht die Freiheit der Dienstleistungen beeinträchtigt und so fort. Wo die Souveränität des Staates aufhört, hört auch seine Demokratie auf. Eine europäische Demokratie hingegen ist so abstrakt, daß vielleicht Europäer auf sie hoffen, nicht aber Demokraten.

10. Demokratie ist eine Erfindung der Menschen. In der Natur – bei anderen Lebewesen – kommt sie nicht vor. Dort wird der innere Frieden der Gruppe durch Machthierarchie, Funktions- und Revieraufteilung gesichert. Demokratie kann es dort nicht geben, weil sie Argumentation, also Sprache, voraussetzt, die nur der Mensch hat, und die Idee eines »Vertrags«, die auch nur der Mensch zu bilden vermag. Darum muß Demokratie gelernt werden – nicht aus Lehrbüchern, weil es sich nicht um Wissen handelt, sondern an

der demokratischen Wirklichkeit selbst. Wenn es um eine *vorhandene* Demokratie irgendwo in der Welt schlecht steht, dann weil die Menschen dort nicht erfahren haben, wozu Demokratie gut ist und wie sie funktioniert. In ihrer Demokratie erfahren sie die Politik und die Politiker als geschwätzig und heuchlerisch, als korrupt und feige, als pompös und banal, als »machtversessen und machtvergessen« (Richard von Weizsäcker) – und das sind sie verständlicherweise dort, wo die Parlamente ihre Funktion an den Wahlakt und damit den Parteienkampf abgegeben haben. Hieran kann man nur kalte Interessenvertretung lernen und daß Macht Macht ist.

Die Einstellungen jedoch, aus denen die Demokratie ebenso lebt wie aus ihren Einrichtungen, können, ja müssen die Bürger, vor allem die jungen, im täglichen Leben lernen: die Achtung vor der Überzeugung anderer, die Bereitschaft, sich in den Beschluß der Mehrheit zu fügen, die komplementäre Pflicht, seine eigene Meinung vorzubringen und für sie zu kämpfen. Diese Einstellungen muß die Gesellschaft vorleben und honorieren. Es gibt nur wenige Lagen, in denen sie nicht vernünftig, nicht bekömmlich, nicht anderen überlegen wären. Erst wo man so denkt, kann man von einer »demokratischen Gesellschaft« reden. Demokratie als Staatsform und Demokratie als Lebensform sind kein Gegensatz, sie bedingen einander vielmehr.

Dies alles bedeutet für mich: »*Mehr* Demokratie« zu wagen hat so wenig Sinn, wie sich tapfer zur Bildung einer »Elite« zu bekennen, die eine Demokratie eben auch brauche.

»Mehr Demokratie« meinte ja: mehr unmittelbare Mitsprache der einzelnen Bürger. Aber erstens müssen diese das wollen, und zweitens darf das nicht heißen: mehr Sonderinteressen, mehr subjektive Betroffenheit, mehr Basisbegehren sollen zum Zuge kommen. Wenn eine Gemeinde die Unterbringung von Asylanten auf ihrem Gebiet abwehrt, ist das keine Vermehrung von Demokratie. Aber die Gemeinde muß gehört – und möglichst vom Vernünftigeren überzeugt werden.

Andererseits müssen wir nicht nach einer »Elite« rufen und sie durch besondere Maßnahmen fördern – es gibt sie: in der Form unseres Parlaments. Diese Elite unterscheidet sich von anderen freilich dadurch, daß sie sich nicht selbst definiert, sondern von uns allen als solche erkannt und gewählt wird. Das sollte unbedingt so bleiben. Aus welchen Gründen sie nicht so gut ist, wie sie sein müßte, habe ich zu erklären versucht.

Wenn uns die Demokratie wichtig ist, haben wir nur die Möglichkeit, sie strenger auszulegen, vor allem ihr wichtigstes Organ: das Parlament. Es ist der Idee nach auch ihr demokratischstes, weil sich in ihm der Volkswille bildet. Wir müssen uns an ihre Idee halten und uns des pragmatischen Schlendrians, also der luxuriösen Berufung auf das Gewohnte, entschlagen. Das Gewohnte: Die Bürger begnügen sich mit der Wahl (oder bleiben ihr fern), die Parlamentarier sind zufrieden, wenn sie für ihre Vorlage eine Abstimmungsmehrheit finden. Dem *common good* aber, vor allem dem langfristigen, die Legislaturperiode überschreitenden, wird nicht nachgegangen. Die Abgeordneten begnügen sich mit dem Verträglichen. Das alles rechtfertigende Wort ist »Akzeptanz«.

Im Rahmen der Debatte über die Steuerreform hat man zahllose Argumente gehört: globale Wettbewerbsfähigkeit, Belebung der Wirtschaft, keine Benachteiligung der Bevölkerungsgruppe X, keine Fesselung der Bevölkerungsgruppe Y, Ineffizienz der staatlichen Verwaltung, Vorbild Amerika und dergleichen mehr. Konnte man auch hören: Es widerspricht unserer Vorstellung vom guten Leben in der guten Gesellschaft, vom Gemeinwohl also,

- wenn unsere Kinder in Klassen von über dreißig unterrichtet werden,
- wenn über fünfhunderttausend Jugendliche keine Lehrstellen finden,
- wenn es in der Hauptstadt unserer Republik allein über zehntausend Obdachlose gibt,
- wenn Deutschland zwar Panzer und U-Boote, Kernkraftwerke und Computertechnik exportiert, aber seine Goethe-Institute schließen muß?

Die Redner werden sagen: »Doch! Es ging uns allen um die Vermehrung der Arbeitsplätze.« Aber das ist allenfalls ein Feigenblatt. Sie wissen ja, daß die Einsparung von Steuern, die Senkung der Löhne, die Erhöhung der Investitionsbereitschaft oder der Kaufkraft – also alles in allem Wirtschaftswachstum – die Wirkungen der Automation nicht aufhalten, daß dies (zeitgemäß ausgedrückt) *peanuts* sind im Verhältnis zur unbekümmert fortschreitenden Rationalisierung.

Politik ist Konfliktaustrag, nicht die Verordnung von Harmonie. Austrag aber heißt: Es muß zu einer Verständigung kommen – jenseits des partikularen Interesses und der Macht- oder Mehrheitsverhältnisse. Dieser Austrag vor allem muß vom Parlament verlangt werden, nicht, daß es nun zu einem staatsphilosophischen Seminar werde. Bürgerbewegungen (wie das Forum 90, die Humanistische Union, der Deutsche Evangelische Kirchentag), Runde Tische und andere nicht von der Verfassung vorgesehene, aber nützliche und legitime Institutionen (wie der einstige Bildungsrat oder der vorgeschlagene Ökologierat oder die Fülle der Nongovernmental Organizations, NGO, also Amnesty International, Greenpeace, Terre des Hommes, UNICEF u.a.) können ihm dabei vorarbeiten – im Umfeld und Vorfeld des Parlaments die Bürger nicht nur anhören, sondern auch beteiligen, diesseits der Parteien, die es als *partes,* »Teile«, offenbar schwer haben, auf das Ganze zu blicken. Die Förderung der Bürgergesellschaft ist die notwendige Ergänzung der Parlamentsreform.

Meine Analyse mündet nicht in Skepsis, sondern in konkreten Vorschlägen, wie das Parlament, das Kernstück unserer Demokratie, seinem ursprünglichen Auftrag wieder zugänglich gemacht werden kann. Ich habe diese Vorschläge vor zehn Jahren in einem Brief an Max Frisch (v. Hentig, 1988a)[23] zum ersten Mal vorgetragen:

- Das Parlament wird verkleinert, so daß es die Auseinandersetzung über das Gemeinwohl tatsächlich und gründlich führen kann.
- Alle gewählten Abgeordneten sind Vertreter des gesamten Volkes und legen darum beim Einzug in das Parlament ihre Parteizugehörigkeit für die Dauer ihres Mandates ab.
- Die feste Sitzordnung des Parlaments wird aufgehoben.
- Die Sitzungen werden entweder nicht oder immer von Fernsehen oder Rundfunk übertragen. Im er-

sten Fall könnte das Plenum so die Ausschußberatungen wenigstens zu einem Teil wieder in sich aufnehmen. Es könnte offen und umständlich, wie es der Gegenstand fordert, reden, und die einzelnen Mitglieder dürften ihre Meinungen ändern: *Die Abgeordneten sollen lernen.* Das Argument, die Wähler sollten über den Parlamentskanal erleben, wie der Gemeinwille sich bildet, also: *Das Volk soll lernen*, fordert zur Übertragung der gesamten Parlamentsarbeit durch die Medien auf, führte jedoch konsequenterweise zu einer Verpflichtung aller Bürger, die Parlamentsdebatten anzuhören. Das käme in die Nähe von Hitlers nicht abstellbarem »Volksempfänger«.

- Die Abgeordneten können nur zweimal hintereinander wiedergewählt werden. Das erlaubt ihnen, ihre »Meinungspflicht« ohne Rücksicht auf ihren Posten zu erfüllen.
- Spenden an Parteien sind erlaubt und, gleich in welcher Höhe sie erfolgen, zu deklarieren; auf sie wird eine Steuer von 50 Prozent des Betrages erhoben. Diese Steuer wird dem Wahlfonds des Parlaments zugeführt.
- Die Parteien finanzieren sich aus ihren Beiträgen und einer Grundzuwendung aus dem genannten Wahlfonds. Er ist für alle Parteien gleich groß bzw. gleich klein. Die Höhe der Mitgliedsbeiträge wird gesetzlich geregelt.
- Lobbys sind untersagt. Die nötige Information über bestimmte Aufgabenbereiche besorgt sich das Parlament durch öffentliche Anhörungen.
- Parlamentswahlen werden durch das Parlament organisiert. In jedem Wahlkreis gibt es eine festgelegte

Anzahl von gemeinsamen Veranstaltungen, in denen die Parteien und die einzelnen Kandidaten befragt werden können. Diese Wahlauskunftstage liegen auf den Samstagen vor der Wahl. Das Fernsehprogramm »Parteien stellen sich vor« wird erweitert. Plakate in der gewohnten Form (ein üppiges Bild 3 x 5 m und dazu: »Mit NN siegen!«, »Ein Liberaler für Deutschland«, »Erfahrung bringt Hoffnung«, »Den Aufschwung wählen!«) sind nicht zulässig; sie entwürdigen den Wahlvorgang.

Zurück zum Anfang dieses Kapitels: Der Parlamentarismus bedeutet eine notwendige Einschränkung der Demokratie zugunsten ihres Grundgedankens: daß man dem Gemeinwohl nur durch eine breite, institutionell gesicherte Erörterung von verschiedenen Standpunkten aus näherkomme und daß die Regierungsgewalt durch die Bürger kontrolliert und turnusmäßig zur Disposition gestellt werden müsse. Denn auch wenn man über das Gemeinwohl nachgedacht und diskutiert hat, kann man Fehler machen. Diese müssen korrigiert werden können, ohne daß gleich der gesamte Staatsapparat in Mitleidenschaft gezogen wird. Mit anderen Worten: Es muß nicht immer eine Revolution geben, wenn die eine Regierung Gesamtschulen oder eine andere den Großen Lauschangriff eingeführt hat.

Diese Einschränkung der direkten und ständigen Mitsprache aller Bürger ist schmerzlich, aber folgerichtig – und kompensierbar. Die Entscheidungen im Parlament werden ja nicht isoliert von der öffentlichen Meinung gefällt, sondern nur vor der unmittelbaren Einflußnahme »der Straße« abgeschirmt. Ja, »die Straße« erhält nun eine wichtige Funktion: die Stimmen wie die Stimmung der Bürger in ihrem Aufkommen und in ihrer Veränderung, in ihrer Massierung und in ihrer Verteilung, in ihrer Intensität und in ihrem Absturz sichtbar zu machen. Das Für und Wider zur Endlagerung von atomarem Müll in Gorleben (oder anderswo) ist den Abgeordneten bekannt. Aber diese müssen auch die Angst der zuerst Betroffenen, die vermutlich die Angst der weiteren Betroffenen sein wird, sehen und ermessen. Die Blockaden und Demonstrationen gegen die Castor-Transporte lehren unser Parlament, daß Atomenergie uns am Ende zu teuer zu stehen kommt, um daran festzuhalten – zu teuer, weil mit Unfriede und Verzweiflung bezahlt. Unfriede und Verzweiflung sind keine »Argumente«, aber sie haben Gewicht. In der komplexen Gesellschaft, die uns die direkte Demokratie versagt, muß der Öffentlichkeit nicht weniger, sondern mehr Gelegenheit eingeräumt werden, sich herzustellen und auszubilden: in und an den zahllosen die Bürger gemeinsam betreffenden Fragen. Dadurch üben diese sich im Urteil und werden zu bewußten Wählern, zu aufmerksamen Beobachtern und Partnern der Abgeordneten und verständigen Teilhabern an der *res publica*. Nur die Demokratie erzieht zur Demokratie. Wo sie dies tut, schließt sie ein, was man mit »Werteerziehung« bestenfalls meinen kann.

Jede Demokratie setzt wie die unsere den Gesellschaftsvertrag voraus. Die antike Staatslehre kannte diesen nicht. Athens Demokratie beruhte auf der Idee der ursprünglichen Gemeinschaft nicht anders als die Oligarchie Spartas. In beiden trat das Leben des einzelnen hinter dem Interesse der Polis zurück. Wir erleben heute eine Wiedererweckung dieses Gedankens im Kommunitarismus. Die Begriffe »Zivilreligion« und »Zivilgesellschaft« haben sich in seinem Umfeld gebildet, werden von ihm genährt. – Wie steht es mit der Polis als Verantwortungsgemeinschaft? Welche Forderungen und Hilfen gehen von ihr aus?

Wenn »sich verantwortlich und solidarisch fühlen« der moralische Kitt einer vom Auseinanderfallen bedrohten Gesellschaft ist und wenn der Nationalstaat die so genannte Bindekraft nicht mehr hat, weil er *zu groß* und *zu abstrakt* ist, dann muß man das Vermißte im Kleineren und Konkreteren suchen – aber man soll dabei wissen, daß dies gegen und nicht für den Egoismus der Gruppe, des einzelnen sozialen Gebildes geschieht.

V.
Werte und Sinn

Unzulängliche, aber notwendige Anmerkungen zum Religionsunterricht an säkularen Schulen

Der Leser wird sich, trotz meiner Erklärung im »Präludium«, immer wieder gefragt haben: Wo bleibt die Religion? – bei den Anlässen und Aufgaben (I), bei den Zuständigkeiten und Verlegenheiten der Pädagogik (II), bei ihren Mitteln, Verfahren und Einteilungen (III). In der Öffentlichkeit ist das Thema »Werteerziehung« eng mit dem des Pflichtunterrichts in Religion an den staatlichen Schulen verbunden, dem ein Unterricht in Lebenskunde oder Lebensgestaltung, oder Ethik, oder Philosophie, ja, ein »Weltanschauungsunterricht«[24] gegenübergestellt wird. Aber die Aktualität und Heftigkeit dieser – politischen – Erörterung macht es so schwer, an die Grundfrage heranzukommen, die uns in immer neuen Schüben beschäftigt hat – beginnend mit Bismarcks »Kulturkampf«, fortgesetzt in den Staatsverträgen des Deutschen Reiches mit den beiden großen christlichen Kirchen in der Hitlerzeit, erneut in der Auseinandersetzung über die konfessionelle und die christliche Gemeinschaftsschule in den fünfziger Jahren bis hin zur Wiedervereinigung eines weithin bekenntnislosen Landesteils mit einem weitgehend konventionell-christlichen Landesteil im Jahre 1990 – und die doch ungelöst geblieben ist. Dies hängt mit zwei geschichtlichen Tatbeständen zusammen, die in den Gedanken und in den Gefühlen der Menschen ungeklärt neben- und gegeneinanderstehen: Unsere Kultur, im weitesten Sinne des Wortes, ist von der christlichen Religion geprägt und ohne sie nicht verständlich. Andererseits: Wir haben einen zu weltanschaulicher Neutralität verpflichteten Staat, der unter anderem das Schulwesen betreibt. Die vollständige Trennung von Staat und Kirche wäre die für den zweiten Tatbestand folgerichtige Lösung. Aber, wieder aus geschichtlichen Gründen, diese hat man im Grundgesetz der Bundesrepublik nicht vollzogen und bei der Wiedervereinigung nicht nur keinen Grund gesehen, dies wenigstens in den neuen Bundesländern anders zu handhaben, man hat vielmehr das in der DDR aus Trennung zu Verstoßung und Verfolgung pervertierte Verhältnis durch die westliche Ordnung ersetzt. Der »staatspolitisch inszenierte Mitgliederschwund«, das kulturelle Unrecht an den Menschen der ehemaligen DDR, die »ihrer in der Tradition des Christentums wurzelnden Geschichte beraubt« worden waren, die dadurch entstandene »zusammenhanglose Vielfalt« verlangten von den Kirchen und den christlichen Politikern eine »starke« Haltung bei der Wiederherstellung des Religionsunterrichts und von den anderen Politikern wenigstens ein Bekenntnis zur Notwendigkeit eines »Wertekonsenses« in der multikulturellen und multireligiösen Gesellschaft.

Wertekonsens aber ist mit konfessionsbewußten Religionen nicht zu haben, weil der an dem »Sinn« hängt, den man dem Leben gibt, und der ist in den verschiedenen Religionen notwendig und deutlich verschieden, sonst gäbe es sie nicht. Wertekonsens ist auch mit einer wertneutralen Lebenskunde oder einer philosophischen Ethik nicht zu haben: Sie stiften keine Werte; die eine beschreibt sie, die andere erklärt sie mit Hilfe ihrer Voraussetzungen, wie oben (S. 71) dargestellt worden ist.

Nun gehen Erziehung und Bildung nie »ohne Wertungen« vor sich. Nichts wäre törichter, als dies von ihnen zu verlangen, und nichts für ihre Funktion schädlicher als eine Vertuschung oder Verdrängung dieser Tatsache. Und so haben diejenigen recht, die sagen: Werte kommen überall im Unterricht ins Spiel; Wertvorstellungen müssen sich überall bilden können; Wertentscheidung muß überall geübt werden. Aber es muß *einen* Unterricht geben, an dem diese Grundbedingung geklärt und bewußtgemacht wird. Ich nenne diesen Unterricht »Philosophie«, besser noch »Philosophieren«, weil er nicht die anspruchslosere Abbildung der akademischen Disziplin des gleichen Namens sein darf. Hier tut man das, was Sokrates tat, der diesen Terminus erfunden hat. Dabei kommt man auf die verschiedenen Ursprünge von Wertvorstellungen und Wertempfindungen. Die meisten und vielleicht auch wichtigsten stammen aus dem, was wir »Glaube« nennen und was sich als Religion objektiviert. Aber was der Geist der Aufklärung, was Spekulation und Dichtung, was die methodisierte Wahrnehmung der Natur und nicht zuletzt die Notwendigkeit des Lebens und die Geschichte dazu beitragen, will ausdrücklich und auf eigenem Grund berücksichtigt und nicht gleich wieder in die Perspektive eines Glaubens gerückt werden.

Da hat man dann ein großes Problem – und hat es vor allem bei den Religionen mit dem absoluten Wahrheitsanspruch. Nicht daß diese nicht auch zu Toleranz bereit wären! Aber ihre Kategorien schon sind so unbedingt, daß man ihnen nur durch schwierige Auslegung und mit peinlichem Vorbehalt entrinnt: der personale Gott, Gottes Allmacht / Allwissenheit / Allgegenwart, die Schöpfung, das Gesetz, die Sünde, die Erlösung und das Heil, die Ewigkeit und so fort und so fort. So etwas mischt sich nicht gut mit anderem – und hat fast immer Konsequenzen für die Lebensweise, also für die Moral. Darum hat Friedrich Schleiermacher sich bemüht, wenigstens die Gebildeten unter den Verächtern der Religion davon zu überzeugen, daß Metaphysik und Moral (Schleiermacher, S. 30f.) den Blick auf jeglichen Glauben verstellen. Wenn man die Moral nicht von der Religion befreien kann, dann muß die Religion sich von der Moral befreien. Nicht der Verstand und nicht das Gewissen, sagt Schleiermacher, seien die Organe der Religion, sondern das »Gemüt« (S. 19). Das lese man bei ihm nach und ahne dabei wenigstens, warum ich mich scheue, das Problem hier noch einmal in eigener Sprache darzustellen und damit meine Überzeugung noch einmal zu begründen, daß es im Prozeß des Erwachsenwerdens beides geben muß: die Möglichkeit, einen Glauben zu fassen und sein Leben auf ihn zu stellen, und: einen systematisch herbeigeführten Anlaß, über den Ursprung dieser An-Schauung, dieser Einstellung zur Welt und damit der Bewertung der Verhältnisse und Dinge nachzudenken – zusammen mit anderen, die andere An-Schauungen oder gar keine haben, sondern meinen, nur beobachten und denken zu sollen.

Ganz sicher ist mir, daß der Religionsunterricht, wie man ihn seit Jahrzehnten in der alten Bundesrepublik kennt und mit Recht schätzt, allein nicht leisten kann, was hier erwartet wird. Er tut es weder als »konfessioneller« noch als multikonfessioneller, noch als bloß religionskundlicher Unterricht.

Ein Buch zur »Werteerziehung« kann an diesen Fragen nicht einfach vorbeigehen, nur weil sie nicht gemeint sind; darum mache ich wenigstens einen praktischen Vorschlag:

Im folgenden versuche ich, die von Interessen, von juristischen und theologischen Theorien, von Unterstellungen, Polemiken und Mißverständnissen überwucherten Grundprobleme bloßzulegen. Wenn ich von einer notwendig komplexen Erörterung der Programme, Gesetzesvorlagen, Unterrichtsinhalte, -materialien und -verfahren, Modellversuche, Untersuchungsergebnisse und Stellungnahmen absehe, komme ich auf folgendes Argumentationsskelett:

1. Die Vereinigung des geteilten Deutschland hat die Menschen in den neuen Ländern mit der Frage konfrontiert, ob sie die westdeutsche Regelung für den Religionsunterricht übernehmen wollen, ja, ob diese unter ihren Bedingungen überhaupt sinnvoll ist.

2. Diesen Regelungen liegen andere geschichtliche Voraussetzungen zugrunde: Im Westen gehören rund 85 Prozent der Einwohner einer der beiden großen christlichen Konfessionen an (die Zahlen stammen aus dem Jahre 1987, aus der letzten Volkszählung), im Osten sind annähernd 70 Prozent »religionslos« oder »andersgläubig«.

3. Von ihnen kann kein Interesse an einem christlichen, gar konfessionellen Religionsunterricht vor-

ausgesetzt werden. Dieser muß darum so organisiert werden, daß man sich zu ihm anmeldet, wenn man ihn besuchen will, und nicht, wie im Westen, daß man sich von ihm abmeldet, wenn man ihn nicht besuchen will.

4. Die Feststellung in Artikel 7 des Grundgesetzes, der Religionsunterricht sei »in den öffentlichen Schulen ... ordentliches Lehrfach«, verpflichtet den Staat, Religionsunterricht im Lehrplan vorzusehen, nicht aber den Schüler, ihn wahrzunehmen. Dem stünde Artikel 4 des Grundgesetzes entgegen, der die Glaubensfreiheit garantiert. Mit anderen Worten: Der Religionsunterricht ist immer ein zu wählender Unterricht. Der Ausdruck »ordentliches Lehrfach« bedeutet also nicht dasselbe wie »Pflichtfach«.

5. Will man, daß alle Kinder in unserer gemeinsamen Republik die großen von Kant formulierten Fragen stellen und gemeinsam erörtern: »Was kann ich wissen? Was soll ich tun? Was darf ich hoffen? Was ist der Mensch?« (in der Einleitung zur »Logik«; Bd. III, S. 448); die Frage nach dem Sinn des Lebens, der Geschichte, der Natur, der eigenen Existenz; die Frage nach dem Maß von Gut und Böse; die Frage nach Schuld und Sühne, Belohnung und Strafe, Schicksal und Zufall; die Frage nach den Bedingungen von Freiheit und Verantwortung; die Frage nach den Religionen, ihrer Wahrheit und Geltung; und wenn man leider damit rechnen muß, daß diese in den Fächern des angeblich allgemeinbildenden Unterrichts keinen Platz finden, dann tut man gut, das alte Fach Philosophie wieder einzuführen; es ist für diese Fragen zuständig; in ihm können sie in eine geeignete Verbin-

dung untereinander und zu den verschiedenen Lebensaltern der Kinder und jungen Menschen gebracht werden.

6. Dieser Philosophieunterricht sollte Pflichtfach sein. Es gibt keinen Grund, irgendein Kind von diesem Unterricht auszunehmen, etwa weil es schon an einem Religionsunterricht teilnimmt. Es gibt auch keinen Grund, ihn auf Ethik zu beschränken.

7. Ein christlicher Religionsunterricht, sei er katholisch oder evangelisch oder ökumenisch, kann die meisten dieser Fragen behandeln und auf seine Weise beantworten. Soll er aber, wie von den Religionsgemeinschaften verständlicherweise beansprucht, der Vertiefung des mitgebrachten Glaubens, der Ausprägung religiöser »Identität«, der Vergewisserung des Bekenntnisses (*confessio*) dienen, kann er gerade nicht die Funktion erfüllen, die der allgemeine Philosophieunterricht erfüllen soll: die Öffnung der Weltansicht, das sokratische Infragestellen absoluter Wahrheiten, die Prüfung des Denkens durch das Denken, den voraussetzungslosen Vergleich der Antworten.

8. Mit anderen Worten, Religionsunterricht und Philosophie oder deren (ungenügende) Teildisziplin Ethik können nicht eines für das andere eintreten. Es muß sie beide geben – und für alle, weshalb sie auf verschiedenen Unterrichtszeiten liegen müssen. Die Bezeichnung »Ersatzfächer« haben die letzteren ja nur, weil sie im Schema der westlichen Stundenpläne an die Stelle des »Pflichtfachs Religion« treten.

9. Wenn vorherzusehen ist, daß der Religionsunterricht aus Mangel an Nachfrage nicht zustande kommt (in Brandenburg wird das für den katholischen Religionsunterricht häufig zutreffen, sind doch nur drei Prozent der Einwohner des Landes katholisch, und die sind ungleich auf die Schulen verteilt), und wenn man möchte, daß Kinder gleichwohl die Möglichkeit haben, dem zu begegnen, was im Religionsunterricht geschieht (und was sich hoffentlich nicht in Sozialkunde und Lebensberatung erschöpft), liegen zwei Lösungen nahe – *erstens* die von Mecklenburg-Vorpommern[25] die eine Fächergruppe vorsieht: »Evangelischer / katholischer Religionsunterricht und Philosophieren mit Kindern«, in der die Curricula (Ziele / Gegenstände / Fragen / Methoden) erarbeitet werden und deren Teile für alle Schüler zugänglich sind; das ist verständig und noch ebenso ungewiß wie kompliziert; man merkt es am Wortlaut: »Die Aufgabe des Religionsunterrichts besteht darin, die Frage nach dem Sinn des Lebens, nach Wahrheit und Gerechtigkeit, nach Werten und Normen für verantwortliches Handeln im Horizont der biblisch-christlichen Tradition und in der Auseinandersetzung mit ihr sowie mit anderen religiösen und weltanschaulichen Traditionen bezogen auf die Lebenswirklichkeit der Schüler zu erörtern«; für die von diesem Religionsunterricht abgemeldeten Schüler soll ein »adäquates Ersatzfach« eingerichtet werden; »Möglichkeiten der Kooperation zwischen beiden Fächern sollen geprüft werden«. *Zweitens* die von Brandenburg: innerhalb eines philosophisch-lebenskundlichen Faches auch die Religionen auftreten zu lassen – vertreten durch Personen, die die jeweilige Religionsgemeinschaft dafür bestimmt. Der Anteil,

den diesen an der Gesamtzeit des Unterrichts zugestanden werden kann, ist notwendig geringer als in einem eigenen Religionsunterricht. In diesem wiederum wäre die Chance, alle Kinder zu erreichen, gering oder gar nicht gegeben.[26]

10. Die im Land Brandenburg mit der Einführung des Pflichtfaches »Lebensgestaltung / Ethik / Religion« (LER) gewählte Lösung ist in dieser Hinsicht konsequenter und darum schwieriger als diejenigen, bei denen neben das weltliche Fach »Ethik« oder »Praktische Philosophie« oder »Ethik / Philosophie« ein Religionsunterricht nur für diejenigen tritt, die diesen wählen beziehungsweise nicht abwählen, (zum Beispiel die Berliner Lösung, die dort aufgrund von Artikel 141 GG möglich ist).

11. Nur wenn man beliebig viele Ressourcen und keine überlasteten Stundenpläne hat, kann man es sich leisten, ein Mischfach Philosophie / Ethik / Religionskunde *und* den Religionsunterricht je eigenen Ranges und getrennt voneinander zu erteilen.

12. Daß die christliche Religion ein nicht fortdenkbarer Bestandteil unserer Kultur ist, hat auch der atheistische (nicht nur der weltanschaulich neutrale) Staat erkannt. Ihrer Rolle als historischer Macht müssen der Geschichtsunterricht, der Literaturunterricht und der Kunstunterricht gerecht werden. In einer Stellungnahme der EKD zum Religionsunterricht vom Mai 1997 heißt es: »Kultur ist ohne Religion nicht zu verstehen, Religion nicht ohne Kultur.« Dieses Argument ist richtig, kann aber nicht für einen »Religionsunter-

richt als ordentliches Unterrichtsfach« in Anschlag gebracht werden, wo nur ein kleiner Teil der Schülerschaft diesen wählt.

13. Der weltanschaulich neutrale Staat sollte die Erfüllung des Artikels 7,3 GG denen überlassen, die dies am besten können.[27] Er soll, wie in Berlin, dem Religionsunterricht Raum und Zeit zur Verfügung stellen, aber weder Fach- noch Dienstaufsicht führen, keine Prüfungen abhalten und keine Noten erteilen. »Die ungestörte Religionsausübung wird gewährleistet« (Artikel 4,2 GG) schließt die Anleitung dazu, also den Religionsunterricht, ein. Es gibt keinen Grund, in der Erfüllung dieses Auftrags der Verfassung kleinlich zu sein – und keine Landesregierung ist das zur Zeit.

14. Daß »wertneutral« nicht gleichbedeutend ist mit »wertfrei«, ist in der Pädagogik eine Binsenwahrheit. Die Schule, die das Gegenteil behauptet und für sich in Anspruch nimmt, wertfrei zu erziehen, täuscht sich und die Betroffenen. Der staatlichen Schule sind andere Werte vorgegeben als den Religionsgemeinschaften. In den Grundrechten und -pflichten des Grundgesetzes stecken die wesentlichen Normen. Unter ihnen gibt es viele, die christlichen Ursprungs sind; diese haben dann beide Instanzen gemein. Aber die staatliche Schule vertritt sie nicht, *weil* sie christlich sind. Daß auch die Aufklärung christliche Wurzeln hat, ist historisch unzweifelhaft. Carl Friedrich von Weizsäcker hat die moderne Welt als Ergebnis einer Säkularisierung des Christentums erklärt (v. Weizsäcker, S. 178).

15. Wer sich um den Zerfall des Abendlandes, seiner Gesittung und Kultur Sorge macht, sollte nicht meinen, er könne diese aufhalten, indem er auf einem besonderen Status des Religionsunterrichts besteht, auf dem, was man in der Debatte das »kostbare Verfassungsgut des Religionsunterrichts als ordentlichen Unterrichtsfachs« genannt hat. Wer es tut, sollte wenigstens nicht verschweigen, daß der Artikel 7,3 wiedergibt, was der völkerrechtlich bindende Vertrag zwischen dem Deutschen Reich und dem Heiligen Stuhl vom 8. Juni 1933 und die entsprechenden Verträge mit der Evangelischen Kirche vorschreiben. Die von der Kirche gegen das Land Brandenburg eingelegte Klage könnte sie aufgrund der Rechtslage gewinnen, hätte damit aber aus der Frage, welche Aufgabe der Religionsunterricht in der öffentlichen Schule habe, in den Augen der Betroffenen endgültig eine Frage gemacht, wer über welche Rechtstitel verfügt.

16. Die Behauptung, es gebe keine »bekenntnisfreie Ethik« oder der Ethik ohne Religion mangele es an »Tiefendimension« (so argumentiert die zitierte Stellungnahme der Synode der EKD), widerspricht der Bemühung all derer, die sich um eine humanistische Ethik bemüht haben – von Sokrates über Kant bis zu Bertrand Russell. In der ehemaligen DDR haben dies unzählige Menschen getan, einige aus Opportunismus, einige aus Zwang und sehr viele aus Überzeugung. Wenn die Kirche diese Bemühung schmäht, handelt sie unchristlich: intolerant.

17. Die Frage, wie Menschen Werte erkennen und sie zu bejahen und zu befolgen lernen, hat ganze Wissen-

schaften beschäftigt – mit nie ganz befriedigendem Ergebnis. Meist ist die Eingangshypothese zu einfach, jedenfalls einseitig gewesen. Inzwischen ist man in der Pädagogik vorsichtiger geworden. Wie wenig Belehrung leistet, die meist auf eindringliche Benennung von Werten hinausläuft und die ganze Schwierigkeit in dem Verbum »vermitteln« verbirgt, wissen alle, die es versucht haben. Sie kehren zu Platons *syzein*, Zusammenleben, zu Vorbild und bewußtgemachter Erfahrung zurück.

18. Probleme mit den sogenannten Ersatzfächern oder von LER, die sich aus falscher Handhabung, Unerfahrenheit, Mißverständnissen oder altem Mißtrauen ergeben, sollten nicht gegen die Prinzipien der jeweiligen Lösung gehalten werden.

19. Die Sprache derer, die für den Religionsunterricht als ordentliches Unterrichtsfach kämpfen, läßt nicht hoffen, daß ihre Sache anderen als ihresgleichen verständlich werden könne: »Zu *wissen*, daß ... eine größere rettende Wirklichkeit mich schon in diesem Leben umfängt und trägt, ... wird (durch die *Erkenntnis*, daß der Tod nicht das letzte Wort hat) zur im Glauben tragenden Gewißheit.« (Steinhoff-Hanses, S. 24) Dies eben »weiß« und »erkennt« der Nichtgläubige nicht.

20. Die Einsicht, daß Glaube nicht durch Unterricht, nicht in der öffentlichen Anstalt Schule entsteht, daß dort vielmehr nur geordnet und gefestigt werden kann, was in der Familie, im Kreise christlicher Freunde, in der Gemeinde, in der gemeinsamen christlichen Tat

schon herangewachsen ist, läßt den seltsam eifrigen Streit um den Religions*unterricht* ziemlich unnötig erscheinen. Vollends ist der Überzeugungskraft des christlichen Glaubens nicht durch höchstrichterliche Urteile aufzuhelfen. Die Kirchen erstreiten damit einen formalen Rechtsanspruch, setzen aber die Glaubwürdigkeit ihrer Sache aufs Spiel. Dies sollte vor allem die protestantische Kirche aus ihrer Geschichte gelernt haben.

Fuge

Was für eine Welt wollen wir?

Auf der Fahrt von Hamburg nach Berlin lese ich auf einem Plakat im Großraum des Zuges »Wer das Alte ganz wegwirft, wird das Neue nicht lange behalten«. Mit dieser in klaren Lettern geschriebenen Weisheit füllt die Deutsche Eisenbahn-Werbung eine noch freie Reklamefläche in Erwartung eines Auftrags. Das sind kluge Leute, denke ich!

In Hamburg war ein großer Kongreß der Deutschen Gesellschaft für Erziehungswissenschaft zu dem Thema »Medien-Generation« zu Ende gegangen. Als Abschlußveranstaltung hatte man sich eine Art realistischer Probe auf die vielen gescheiten Reden der Vortage ausgedacht: Erziehungswissenschaft, Wirkungsforschung und Mediendidaktik im Medium der Medien. In der alten, nur vom Widerschein der Bildschirme erleuchteten, also eigentlich vollkommen dunklen Aula spielte eine Band – ich nehme an – Musik, die durch die Verstärker unhörbar gemacht wurde. Der »Sound« stand wie Beton im Raum – ohren- und verstandbetäubend und offenbar erzeugt, um die zögernd Eintretenden alsbald auf das eine Organ zu reduzieren, das jetzt dran war: das Auge. Die vordere Wand war in eine mittlere, fünf mal fünf Meter große und zwei flankierende kleinere Projektionsflächen aufgeteilt, auf denen ein optisches Programm ablief: bunte, ihren Platz wechselnde Werbetafeln für Adidas und Spice Girls, Microsoft und DGfE. Die Band setzte aus, und ein Moderator verkündete über das Mikrophon – für die hinteren Reihen offenkundig zu leise –: Diese Veranstaltung verstehe sich als Experiment, zu dem er uns allen »viel Spaß« wünsche. Es folgte etwas, was ich philologisch richtig, technisch sicher falsch als Spektakel bezeichne. Multimedial war es allemal. Auf den drei Flächen liefen gleichzeitig und unabhängig voneinander Bildsequenzen, nur durch eine gemeinsame Lautspur zusammengehalten – links eine Computersimulation, in der eine brünette Barbarella-Schwester von Dach zu Dach sprang, über Straßenschluchten flog, in tiefe Wasser tauchte, die sie mit starken Armbewegungen durchmaß; rechts ein richtiger Film, in dem ein junger Mann auf einem versifften Klo saß, in dessen Schüssel er nach verrichtetem Geschäft mit seinen Händen herumrührte, um dann kopfüber darin einzutauchen und in den Tiefen zu verschwinden (Erinnerung an »Trainspotting«?); in der Mitte meist ein Computermenü, auf dem die Maus mal dies, mal jenes abruft – Autojagden, Schießübungen, Konferenzen, Tabellen, den Raum, in dem wir saßen, mit der vor uns flimmernden Leinwand, auf der die vor uns flimmernde Leinwand mit der vor uns flimmernden Leinwand erschien. Was wann wozu wechselte, konnte man nur zufällig erhaschen. Am ausdauerndsten war die Barbarella-Schwester. Die Götter und Gnomen aus einer *bloody horror picture show* kehrten schneller in ihre Nebelschwaden zurück. Das Wühlen in den Eingeweiden eines *human* mag zwanzig Sekunden gedauert haben – zwanzig Sekunden zu lang!

Das virtuelle *event* war nach einer Viertelstunde

überstanden. Der Moderator bat die erste Gesprächsrunde aufs Podium, auf dem sechs prall mit Luft gefüllte durchsichtige Plastiksessel standen; auf jedem lag ein Mikrophon; ein niedriger Tisch war mit Gläsern, einer Flasche Sekt, mehreren Flaschen Selters und einer Leuchte bestellt, einem bombenförmigen Glasbehälter, in dem rote Ölklumpen aufstiegen und absanken, sich vereinten und wieder trennten. Der Raum blieb dunkel.

In dem Gespräch sollte es um »Kontexte der Digitalisierung: Wirtschaft, Kunst und Kultur« gehen. Zwei von den sechs männlichen »Gesprächspartnern« kamen zweimal zu Wort, die übrigen einmal. Da der Moderator auch eine Meinung hatte und jedem Teilnehmer seine, nicht dessen Frage stellte, kamen insgesamt acht *statements* dabei heraus – auf gleich hoher Abstraktionsebene bei unterschiedlicher akustischer Verständlichkeit je nach Handhabung des Mikrophons. »Medienfachleute«, entschuldigte sich der eine, der seine These dreimal wiederholen mußte, bevor das Publikum sie verstehen konnte, »sind notorisch unfähig, mit der Medientechnik umzugehen.«

Mein Nachbar, für die dritte Gesprächsrunde vorgesehen, verließ entnervt den Raum. Ich hatte bis zu meinem Auftritt nur noch drei Kurzinterviews durchzustehen: Auf den seitlichen Projektionsflächen erschienen nacheinander Hilmar Hoffmann, Bazon Brock, Oskar Negt, unser Moderator befragte sie jetzt, ihre Antworten waren vor Wochen aufgenommen worden. Dann wurde die zweite Gesprächsrunde zum Thema »Korrespondenzen und Balancen: Die ›alten‹ und die ›neuen‹ Erfahrungs- und Bildungswelten« auf das Podium gebeten.

Die erste Frage – sie war ebenso präzise wie komplex – erging höflicherweise an den Ältesten, an mich. Ich weigerte mich, sie zu beantworten – die Tatsache nutzend, daß unsere Moderatorin irgend etwas vom Sinn unserer Veranstaltung gesagt hatte. Nun ließ ich Dampf ab: Ich hätte geglaubt, wir würden in Form eines Geprächs und im Rückblick auf das in den letzten drei Tagen Gehörte Fragen stellen, Erkenntnisse formulieren, Versäumnisse einklagen, uns gegenseitig auch Dank, Zweifel und Versöhnliches mitteilen. Alles, nur nicht diese planmäßige Denkverhinderung! Auf wabernden Luftkissen um einen einigermaßen festen Stand- oder Sitzort kämpfend, durch den in die Geräte einprogrammierten Ablauf schon wieder unter Zeitdruck geraten, einer unvollkommenen und offensichtlich unbelehrbaren Technik ausgeliefert, sei ich außerstande, den von mir übernommenen Auftrag zu erfüllen. Keiner, der sich wirklich verständigen wolle, würde dafür wohl dieses *setting* wählen. Nun sollten wir offenbar das Publikum (und einander) nicht belehren, sondern gut »unterhalten«, mit »zugespitzten« Äußerungen ergötzen. Ich sei schon gereizt, bevor ich irgendeine Meinung meiner Gesprächspartner gehört habe – gereizt vor allem über mich selbst, weil ich mich in so etwas hineinbegeben habe. Das täten wir allenthalben – wir heutigen Erwachsenen.

Während ich redete, erschien über mir (wie vorher über den jeweils Redenden) eine kurze biographische Skizze, ein Jugendfoto, eine von mir eingesandte »Kurzfassung« meiner von mir hier zu vertretenden Position, nach der aber mit keiner Silbe gefragt worden war:

»Die alte Bildungswelt lebt fort, die alte Erfahrungswelt nicht. Die dadurch entstehende Spannung ist für beide Funktionen – Bildung und Erfahrung – wichtig, ja konstitutiv.«

Diese hätte ich nicht ungern erläutert, um einigermaßen verständlich und verständig zwischen Medieneuphorie der einen Podiumsteilnehmer (»Unsere Generation hat das Glück, eine ... Umwälzung – Digitalisierung, I & K, Multimedia – miterleben zu dürfen. Ängstlichkeit, Ablehnung und Bedenken sind Zeichen intellektueller Stagnation«) und Medienschelte der anderen (Demokratie werde abgeschafft und durch Demoskopie ersetzt: »Das Volk soll den Mund nur aufmachen, wenn es gefragt wird«) zu vermitteln.

So etwa hatte ich reden wollen: Bildung (also nicht Ausbildung zu einem Zweck und nicht einfach die Summe der Überlebenskünste) ist, altmodisch gesprochen, ein Kulturideal – die geistige (immaterielle) Ausstattung, die uns befähigt, unsere Welt, unsere Verhältnisse zu verstehen und zu beherrschen, die Chancen unserer Kultur (Aufklärung, Gerechtigkeit, Freiheit, Mitsprache in der *res publica*, Wohlstand, Sicherheit) zu nutzen, die Gefahren abzuwehren. Die Chancen und die Gefahren gegeneinander abzuwägen fällt schwer, nein, *ist* schwer. Erziehungswissenschaftler, die etwas auf sich halten, überlassen das den Kulturphilosophen oder den Feuilletonisten. Selbstbewußt und modern, sind sie zugleich mutige Förderer der neuen Möglichkeiten *und* erfolgreiche Schützer vor deren Schäden, weshalb auch auf diesem Kongreß der Optimismus vorwaltete. Die erkennbaren, schon eingetretenen gesellschaftlichen Schäden fallen vollends nicht in ihre Zuständigkeit: der Verlust von Arbeitsplätzen, die Einschränkung der bürgerlichen Freiheiten allein durch technische Erfindungen (Abhörgeräte, Datenspeicherung), der Kommunikationsrausch und die gleichgültig machende Informationsflut, die Entwertung, Umwertung und Abnutzung aller Originalität durch hemmungslose Vervielfältigung, die ständige Steigerung der Reize und die Senkung der Hemm- und Schamschwellen.

Aber können wir uns mit einer Medienkompetenz begnügen, die sich auf den unmittelbaren Umgang mit den Geräten und Systemen beschränkt? Was, bitte, wollen und dürfen wir so (»Medienkompetenz«) nennen? Wie verhält sie sich zu jenem Kulturideal, das uns die »geistige Beherrschung unserer Verhältnisse« gebietet? Wer hat sie – so, daß er sie nicht nur lehren, sondern auch vorleben könnte?

Auf der Bahnfahrt von Bad Segeberg nach Hamburg ergoß sich eine Schulklasse von Elfjährigen in den Großraum, in dem ich saß. Das waren keine Medienmonster – kaum unterschieden von »uns«, als wir in dem Alter waren: vergnügt, gescheit, hübsch, sehr lebhaft und sehr aufmerksam. In den Zeitungen, die die wenigen Erwachsenen gleichzeitig lasen, lautete die Balkenüberschrift: »Kriminalität bei Kindern steigt dramatisch«, und die Leitartikel zogen sofort Verbindungen zu den neuen Medien – machten daraus ein pädagogisches Problem.

Das ist es sicher auch und insofern Gegenstand meiner beruflichen Aufmerksamkeit – meines *Geschäfts*. Der Gegenstand meiner *Besorgnis* ist hingegen die Gesellschaft: wenn wir Erwachsenen nicht prüfen, was wir uns für ein Leben zu bereiten im Begriff sind. Diese Prüfung ist unsere Sache. Kindern fehlt dazu die Vergleichsmöglichkeit, die Kenntnis der Voraussetzungen, das Interesse an den Folgen. Vollends können sie nicht entscheiden, was an diesen Medien »gut« oder »schlecht« ist, solange sie nicht verstehen, wozu die Medien gedacht sind, was von diesen erwartet werden muß, was sie verdrängen, was sie für weitergehende Folgen haben, kurz, was sie uns »kosten«.

Die neuen Medien sind zweckgerichtete Erfindungen. Sie lösen bestimmte Probleme besser als andere Mittel vor ihnen. Sie haben aber auch Nebenwirkungen – weit über ihren Zweck hinaus. Das Fernsehen hat die Demokratie verändert, das Leben in der Familie, die Funktion der Schule, das Leben der Gemeinschaft in Stadt und Land – und hatte doch alles dies gar nicht im Sinn! Solchen Folgen muß man gewachsen sein. Nur etwas, das diese Fähigkeit einschließt, bin ich bereit, Medienkompetenz zu nennen. Medienkompetenz ist eine schwierige Erweiterung unserer Lebenskompetenz.

Alles, was ich bisher über Medienkompetenz gelesen und auf diesem Kongreß gehört habe, versagt vor diesem Anspruch. Medienkompetenz erscheint hier als Fähigkeit, die Apparate zu bedienen, und wird folgerichtig als eine notwendige weitere Kulturtechnik bezeichnet. Medienkompetenz erscheint auch als die Fähigkeit, einem Bild, einem Film, einem Videoclip alle in ihm enthaltenen Botschaften schnell und sicher zu entnehmen (»sich in mediakulturellen Lebensräumen zurechtzufinden«, Dieter Baacke); sie ist gekennzeichnet durch eine größere »Reaktionsgeschwindigkeit« und neue Kombinationsfähigkeiten; die neuen

Medien erziehen selbst zur Konstruktion neuer Wirklichkeiten, sie schaffen »neue Genres von Wahrnehmungswelten«; Medienkompetenz, mit anderen Worten, hat, wer unangefochten mit Medien umgeht. Diese beiden Bestimmungen genügen mir nicht. Das entscheidende Merkmal des medienkompetenten Nutzers ist, daß er seine Aufgaben, Wünsche und Probleme so gut kennt, daß er sein neues Medium zu deren Lösung einsetzen kann – daß er Herr über diesen Knecht und dessen Mitknechte ist. Autorität über die »Besen« hat man freilich nicht durch ein Zauberwort, das man lernen und auch wieder vergessen kann, man hat sie nur durch Freiheit gegenüber seinen Diensten, und diese Freiheit wiederum hat man nur, wenn man auch andere Maßstäbe hat – Erfahrungen außerhalb der Medienwelt. Das wird immer schwieriger, je umfassender diese wird. Kindern solche Erfahrung und damit solche Maßstäbe – mit Personen, mit der Natur, mit der Geschichte, mit Arbeit, mit dem Leben in einer *polis* – zu geben, ist die Aufgabe der Eltern und der Schule. Einst – jedenfalls seit Wilhelm von Humboldt – hieß das »Bildung«: Wahrnehmungen, Einsichten, Einstellungen, die uns zu einem freien Urteil über die Welt befähigen.

Die Fähigkeit, die neuen Medien zu bedienen und zu nutzen, ist schnell erlernt; die Geräte werden rapide einfacher; diesem Vorgang muß man nicht die kostbare Lern- und Entwicklungszeit des Kindes und des jungen Menschen opfern. So falsch es wäre, die neuen Medien aus der Pädagogik zu verbannen, so falsch wäre es, sie durch Medienpädagogik in den Mittelpunkt zu stellen. »Entdramatisieren« habe ich das genannt.

Nur ein Bruchteil hiervon habe ich in meiner

Runde tatsächlich sagen können, genug jedoch, um die übrigen Teilnehmer herauszufordern; diese hatten nun verständlicherweise mehr den Wunsch, auf meine Äußerungen zu reagieren als auf die Fragen der Moderatorin, und ließen meiner Position ihre jeweilige Auslegung zuteil werden. Der gemeinsame Tenor war: Die Jungen haben die von mir aufgeführten Probleme nicht, sie leben mühelos mit den neuen Medien. Mit dem Befund: Der Hentig verkenne deren Möglichkeiten – und *wolle* sie wohl auch nicht, endete diese Runde, ohne daß ich eine Gelegenheit hatte, darauf zu antworten; es waren ja noch weitere Ferninterviews im unerbittlichen Programm. Mein Unmut über den Systemzwang der medial inszenierten »Talkshow« muß wohl auch in der großen Dunkelheit einigermaßen sichtbar gewesen sein, und so boten mir die Veranstalter einen Platz in der dritten Runde an, den der Kollege im Zorn geräumt hatte. Ich konnte nun wenigstens dies sagen:

Daß ich die neue Medienwelt nicht *wolle*, das könne wohl sein; es stünde mir auch zu, so wie es anderen zustehe, sie sich zu wünschen. Aber daß eine Gesellschaft, daß also wir Erwachsenen keinen Willen in der Sache fassen; daß wir uns im großen Strom treiben lassen; daß ein Erziehungswissenschaftler schreibt: »Inzwischen verfügt bundesweit bereits jedes dritte Kind zu Hause über einen Computer, und zu jedem Weihnachtsfest wächst diese Zahl um etwa zehn Prozent an. *Es lohnt sich also gar nicht mehr zu rätseln, ob das nun nützlich oder schädlich ist*, die Computer sind da ... und werden von den meisten Kindern mit großer Begeisterung genutzt« (Peter Struck, in: *Hamburger Abendblatt*, 19. März 1998); daß Willfährigkeit für

Aufgeschlossenheit und Wachsamkeit für Ängstlichkeit ausgegeben werden; kurz, daß man das, was geschieht, zu dem erklärt, was man will und soll – das bringt mich auf. Das ist Kapitulation vor dem Fall, ein ganz und gar unnützer Defätismus.

Wir werden niemanden medienkompetent machen, wenn wir nicht selber erst ernstlich geprüft haben, was für eine neue Welt uns die Medien bescheren, und dann entscheiden, ob wir unsere Kinder dem unterwerfen oder sie dagegen abhärten oder sie davon befreien. Das Argument, die Kinder seien ihrerseits schon viel freier als wir, weil sie den neuen Medien gegenüber unbefangen seien, verfehlt unsere und ihre Lage. Unbefangenheit ist noch keine Kompetenz. Furcht freilich auch nicht. Ja, die Unbefangenheit der jungen Menschen könnte unser aller Verhängnis sein: Sie gehen ungewarnt in die Gefahr und werden um so eher den Verführern erliegen, die ihnen eines Tages heile, ursprüngliche Zustände, die Segnungen des einfachen Lebens oder des reinen Geistes, die Mächte des Guten und die Mächte des Bösen vorgaukeln – oder die Notwendigkeit einer *brave new world*. In unserer Welt muß man wahrnehmen und denken, und wer das tut, ist nicht »unbefangen«.

Wir müssen uns entscheiden, damit fängt alle Pädagogik an. *Wollen* wir eine Homepage-Öffentlichkeit, in der jeder sich an jeden wendet und sich in die Folgenlosigkeit einübt, in das Nicht-verantworten-Müssen dessen, was man in die Welt gesetzt hat? *Wollen* wir die ständige Beschleunigung, die fortgesetzte Entsinnlichung, die Preisgabe der Unmittelbarkeit, *multa* statt *multum*? *Wollen* wir digitale Vernetzung mit immer mehr Unbekannten, statt Verbindung und

Auseinandersetzung mit denen, die uns angehen und die wir angehen? *Wollen* wir das in der geschilderten Veranstaltung erlebte Untergehen der Aufmerksamkeit im großen Geräusch und der ständigen Überblendung? *Wollen* wir die Zunahme von »Schein«, die Verdrängung der erfahrbaren Wirklichkeit durch die »virtuelle«, des Kostbaren und Widerständigen durch das Verfügbare und Geläufige, unseres Hundes durch ein Mega-Tamagotchi?

Mit diesen weder rhetorischen noch ironischen Fragen sind nicht die neuen Medien angeklagt, sondern unsere Willenlosigkeit, unser Zauberlehrlingsübermut, unser Opportunismus und unsere in ihm gründende Unfähigkeit zu erziehen.

Es kann sein, ja es ist wahrscheinlich, daß »wir« das eine wollen und andere, die Mehrheit der Menschen, etwas anderes. Da beginnt dann die Politik – die Bemühung, unterschiedliche Wahrnehmungen und Wünsche zum Ausgleich zu bringen. Keinen Stand zu den Entwicklungen einnehmen und dies für Politik ausgeben ist falsch im doppelten Sinn des Wortes – schädlich und unaufrichtig.

An den Wänden der gastgebenden Universität hatten junge Leute geschrieben: »Wir suchen nach Erkenntnis und ertrinken in Information.« Möge das als Aufruf und nicht als Nachruf gelesen werden.

Zitierte Literatur

Adam, Konrad: Eine Republik dankt ab. Die Deutschen vor der europäischen Versuchung, Berlin 1998 (Alexander Fest Verlag)

Baumert, Jürgen, Lehmann, Rainer u. a.: TIMSS – Mathematisch-naturwissenschaftlicher Unterricht im internationalen Vergleich. Deskriptive Befunde, Opladen 1997 (Leske + Budrich)

Beiersdörfer, Kurt: Erziehung für das 21. Jahrhundert. Werte, Wissen und Kompetenzen im Informationszeitalter. Einführung in das Thema der gleichnamigen Tagung des Heinz Nixdorf MuseumsForums, Paderborn 1998

Berger, Peter: An die Stelle der Gewißheiten sind Meinungen getreten. Der Taumel der Befreiung und das wachsende Unbehagen darüber, in: Frankfurter Allgemeine Zeitung, 7. 5. 1998

Bildungskommission NRW: Zukunft der Bildung – Schule der Zukunft. Denkschrift einer Kommission beim Ministerpräsidenten des Landes Nordrhein-Westfalen, Neuwied, Kriftel, Berlin 1995 (Luchterhand)

Dehner, Klaus: Die Lust an der Moral. Die natürliche Sehnsucht nach Werten, Darmstadt 1998 (Primus)

Erklärung zum Weltethos, gedruckt und verbreitet von der Weltethos-Stiftung für interkulturelle und interreligiöse Forschung, Bildung, Begegnung, Waldhäuserstraße 23, 72076 Tübingen, 1993

Haefner, Klaus: Wie soll Homo sapiens informaticus erzogen werden?, in: Informatische Bildung in Deutschland, Perspektiven für das 21. Jahrhundert, Festschrift für Wolfgang Arlt, hg. von Bernhard Koerber und Ingo-Rüdiger Peters, Berlin 1998 (LOG IN Verlag)

ders.: Das Bildungswesen hat sein Monopol verloren, in: Aufbruch in der Bildungspolitik, Roman Herzogs Rede und 25 Antworten, hg. von Michael Rutz, München 1997 (Goldmann)

Hallpike, Christopher R.: Moral Development from the Anthropological Perspective, in: ZiF Mitteilungen 2/98/Zentrum für interdisziplinäre Forschung der Universität Bielefeld

Hardin, Garrett: The Tragedy of the Commons, in: Science 162, 1968, S. 1243ff.

von Hentig, Hartmut: Allgemeine Lernziele für die Gesamtschule, in:

Gutachten und Studien der Bildungskommission des Deutschen Bildungsrats, Nr. 12, Lernziele der Gesamtschule, Stuttgart 1969 (Ernst Klett), S. 13–43

ders.: Der technischen Zivilisation gewachsen bleiben, in: Björn Engholm (Hg.): Demokratie fängt in der Schule an, Beiträge zur Wiederherstellung der Bildungspolitik am Ausgang des 20. Jahrhunderts, Frankfurt a. M. 1985 (Eichborn)

ders.: Die Menschen stärken, die Sachen klären, Ein Plädoyer für die Wiederherstellung der Aufklärung, Stuttgart 1985 (Philipp Reclam jun.)

ders.: Der nützliche Traum von der Wachsamkeit, in: »Demokratie – ein Traum?« Heft 11 der Zeitschrift einspruch, 1988 a.

ders.: Werte in der Erziehung, in: Neue Sammlung 3/1988 b

ders.: Glaube. Fluchten aus der Aufklärung, Düsseldorf 1992 (Patmos)

ders.: Die Schule neu denken. Eine Übung in praktischer Vernunft, 11. Auflage 1997, München 1993 (Carl Hanser)

ders.: Kyklopen, Babylonier, Bürger. Über unsere Verantwortung oder auch unsere Pflicht zur Politik, in: Bündische Akademie Lüdersburg, Dokumentation der Jahrestagung 1996, Baunach 1997 (Deutscher Spurbuchverlag)

ders.: Bildung. Ein Essay, München 1996 (Carl Hanser)

ders.: Was ist eine christliche Schule, in: Neue Sammlung 4/1997

ders.: Kreativität. Hohe Erwartungen an einen schwachen Begriff, München 1998 (Carl Hanser)

ders.: Jugend im Medienzeitalter, in: Zeitschrift für Erziehungswissenschaft 1/1998 (Leske + Budrich)

ders.: Polis und Kosmopolis, in: Hans Küng et al. (Hg.): Weltethos und Wissenschaften, s. d.

Herzog, Roman: Aufbruch in der Bildungspolitik, Bulletin Nr. 87/ S. 1001ff/5. 11. 1998/Presse- und Informationsamt der Bundesregierung

Hoffer, Eric: The True Believer. Thoughts on the Nature of Mass Movements, New York 1951 (Harper & Brothers); deutsch: Der Fanatiker. Eine Pathologie des Parteigängers, Reinbek 1965 (rde)

InterAction Council: Universale Erklärung der Menschenrechte, vom 1. 9. 1997, Tokyo Secretariat, 3-16-706 Poppongi, Minato-ku, Tokyo, 106, Japan; abgedruckt in: Die Zeit vom 3. 10. 1997

Jugend '97, 12. Shell Jugendstudie, Opladen 1997 (Leske + Budrich)

Kant, Immanuel: Grundlegung zur Metaphysik der Sitten, in: Schriften zur Ethik und Religionsphilosophie, Bd. IV der Werke in sechs Bänden, hg. von Wilhelm Weischedel, Darmstadt 1970 (Wissenschaftliche Buchgesellschaft)

ders.: Logik, in: Bd. III der Werke in sechs Bänden; s. o.

ders.: Über Pädagogik, in: Bd. VI der Werke in sechs Bänden; s. o.

Kessler, Hans: Umwelt, Markt, Ethik und Religion. Wege zu einem globalen Umweltethos, in: Demokratie und Ethik wohin? Antworten auf die Globalisierung, hg. von Gerd Iben, Münster 1998 (LIT Verlag)

Kleinespel, Karin und *Tillmann, Klaus-Jürgen:* Reformpädagogische Argumente in der bildungspolitischen Debatte – Zwei Fallstudien, siehe Oelkers

Knoll, Michael (Hg.): Kurt Hahn: Reform mit Augenmaß, Stuttgart 1998 (Klett-Cotta)

Küng, Hans und *Kuschel, Karl-Josef (Hg.):* Weltethos und Wissenschaften, München 1998 (Piper)

Leibholz, Gerhard: Strukturprobleme der modernen Demokratie, Karlsruhe 1958

Lippitt/Fox/Schaible: Detto und andere. Acht Einheiten für Sozialwissenschaften in der Schule, Stuttgart 1975 (Ernst Klett)

Mauermann, Lutz: Methoden der Werterklärung nach dem Ansatz von Raths, Harmin and Simon in: Wertvermittlung in der Schule, Texte zur Theorie und Praxis der Moralerziehung, Bd. I (PZ-Information 18/95), Pädagogisches Zentrum Rheinland-Pfalz, S. 95ff.

McPhail, Ungoed-Thomas & Chapman: Moral Education in the Secondary School, London 1972 (Longman)

Nietzsche, Friedrich: Der Fall Wagner, in: Werke in drei Bänden, hg. von Karl Schlechta, München 1955 (Carl Hanser)

Oelkers, Jürgen und *Rülker, Tobias (Hg.):* Politische Reformpädagogik, Bern 1998 (Peter Lang)

Raths, Harmin and Simon, siehe Mauermann

Röhrs, Hermann (Hg.): Bildung als Wagnis und Bewährung. Eine Darstellung des Lebenswerks von Kurt Hahn, Heidelberg 1966 (Quelle & Meyer)

Rousseau, Jean-Jacques: Der Gesellschaftsvertrag oder Grundlagen des Staatsrechts, übersetzt von Fritz Roepke, Rudolstadt o. J. (Greifenverlag)

Schelz, Sepp (Hg.): Die Tyrannei der Werte. Carl Schmitt / Eberhard Jüngel / Sepp Schelz, Hamburg 1979 (Lutherisches Verlagshaus)

Schleiermacher, Friedrich: Über die Religion. Reden an die Gebildeten unter ihren Verächtern, Berlin 1799, in der Ausgabe von Martin Rade für die Deutsche Bibliothek, Berlin ohne Jahr

Schumpeter, Joseph A.: Kapitalismus, Sozialismus und Demokratie, 2. Aufl., Bern 1950

Siemons, Mark: Odins Helfer, in: Frankfurter Allgemeine Zeitung 22. 8. 1998

Steinhoff-Hanses, Stephan: Religionslehrer, in: Profil 6/97

Vec, Milos: Weg war er. Warum der Täter im Internet durch die Maschen geht, in: Frankfurter Allgemeine Zeitung 23. 7. 1998

von Weizsäcker, Carl Friedrich: Die Tragweite der Wissenschaft, Stuttgart 1964 (Hirzel)

Anmerkungen

Präludium

1 Diese, wie die meisten folgenden widersprüchlichen Forderungen, findet sich in »Zehn Elemente für den Unterricht der Zukunft« vom damaligen Bundesbildungsminister Dr. Jürgen Rüttgers, in: »Welt am Sonntag«, 24. 5. 1998.

I. Das Maß der Bemühung

2 Universale Erklärung der Menschenrechte, am 1.9.1997 vom Inter Action Council vorgeschlagen, Tokyo Secretariat, 3-16-13-706, Roppongi, Minato-ku, Tokyo, 106, Japan; abgedruckt in *Die Zeit* vom 3.10.1997.

3 Erklärung zum Weltethos, gedruckt und verbreitet von der Weltethos-Stiftung für interkulturelle und interreligiöse Forschung, Bildung, Begegnung; Waldhäuserstraße 23, 72076 Tübingen, 1993.

II. Die Zuständigkeiten und die Verlegenheiten der Pädagogik

4 Jugend '97. 12. Shell Jugendstudie, Opladen 1997 (Leske + Budrich).

III. Die Mittel, Verfahren, Einteilungen der Pädagogik

5 Paderborner Forum des Heinz-Nixdorf-MuseumsForum am 9.6.1998.

6 Aus dem Einführungstext von Kurt Beiersdörfer zu dem genannten Paderborner Forum.

7 Allgemeine Lernziele für die Gesamtschule (1969); Die Menschen stärken, die Sachen klären (1985); Der technischen Zivilisation gewachsen bleiben (1985); Werte in der Erziehung (1988); Die Schule neu denken (1993); Bildung (1996); Kyklopen, Babylonier, Bürger (1996); Jugend im Medienzeitalter (1998); Polis und Kosmopolis (1998).

8 Vor zehn Jahren habe ich folgende Liste von Werten oder Wertkomplexen aufgestellt: 1. das Leben; 2. Freiheit / Selbstentfaltung / Selbstbestimmung / Autonomie; 3. Frieden / Freundlichkeit / Gewaltlosigkeit; 4. Seelenruhe – zum Beispiel aufgrund der erfüllten Pflicht oder aus Übereinstimmung mit dem eigenen Gewissen / also auch Schuldlosigkeit; 5. Gerechtigkeit; 6. Solidarität / Brüderlichkeit / Gemeinsamkeit (= Nichteinsamkeit) (Gemeinwohl ist die dies alles zusammenfassende Idee); 7. Wahrheit; 8. Bildung / Wissen / Einsicht / Weisheit; 9. lieben können / geliebt werden; 10. körperliches Wohl / Gesundheit / Freiheit von Schmerz / Kraft; 11. Ehre / Achtung der Menschen / Ruhm; 12. Schönheit. – Es gehört zum Realismus dieser Liste, daß ein Wert nicht in *einem* Wort aufgeht. Die Unterscheidung von Gütern und Werten ist aufschlußreich, aber schwierig. »*Mein* Leben« ist – Schiller sagt es – ein Gut, das ich für ein höheres anderes hergeben kann. Aber *das* Leben aller Kreatur, das zum Beispiel Albert Schweitzer verteidigt, ist ein Wert. Siehe Hartmut von Hentig: Werte und Erziehung, in: Neue Sammlung, 3/88.

9 Wie das zugeht, mag man dem Buch »Die Tyrannei der Werte« / Carl Schmitt, Eberhard Jüngel, Sepp Schellz, entnehmen, hg. von Sepp Schellz, Hamburg 1979 (Lutherisches Verlagshaus)

10 Immanuel Kant: Grundlegung zur Metaphysik der Sitten, S. 66, wo Gott als Oberhaupt des Reiches der Zwecke erscheint, und S. 76f., wo Gottes Wille als ein zur Begründung der Sittlichkeit untaugliches Prinzip bezeichnet wird. Beide Male muß Gott den Wert der vernünftigen Wesen aus ihrem uneigennützigen »bloß aus jener Idee (der Würde des Menschen) ihnen selbst vorgeschriebenen« Verhalten beurteilen. Das ist radikale Aufklärung. Schriften zur Ethik und Religionsphilosphie, Bd. IV der Werke in sechs Bänden, hg. von Wilhelm Weischedel, Darmstadt 1970 (Wissenschaftliche Buchgesellschaft).

11 So in einer Vorlage zum Religionsunterricht für einen Beschluß der Synode der Evangelischen Kirche in Deutschland; Mai 1997 (Drucksache Nr. VI 1).

12 Diese Wertetheorie ist ausführlich wiedergegeben in Lutz Mauermann: Methoden der Wertklärung nach dem Ansatz von Raths, Harmin and Simon, in: Wertevermittlung in der Schule, Texte zur Theorie und Praxis der Moralerziehung, Band I (PZ-Information 18/95), Pädagogisches Zentrum Rheinland-Pfalz, S. 95 ff.

13 Ich nenne hier »Klassiker« und nicht die für den Zweck oft geeigneteren und heutige Kinder und Jugendliche bewegenden, aber dem erwachsenen Leser dieses Textes meist unbekannten Beispiele aus der Jugendliteratur der Gegenwart. Es geht an dieser Stelle um das Erkennen einer Quelle von moralischen Erfahrungen.

14 »Über Pädagogik«, in: Immanuel Kant, Werke in sechs Bänden, hg. von Wilhelm Weischedel, Darmstadt 1970 (Wissenschaftliche Buchgesellschaft), Band VI, S. 761.

15 McPhail, Ungoed-Thomas & Chapman: Moral Education in the Secondary School, London 1972 (Longman). Zugänglich über die in Fußnote 12 zu Seite 77 angegebene PZ-Information.

16 Lippitt/Fox/Schaible: Detto und andere. Acht Einheiten für Sozialwissenschaften in der Schule, Stuttgart 1975 (Ernst Klett).

17 Eine umfassende Darstellung des Lebenswerks von Kurt Hahn findet sich in Hermann Röhrs (Hg.): Bildung als Wagnis und Bewährung, Heidelberg 1966; darin Desmond J. Hoare: Das Atlantic College. Die beste Auswahl und Zusammenstellung seiner Schriften hat Michael Knoll besorgt: Kurt Hahn: Reform mit Augenmaß, hg. von Michael Knoll, Stuttgart 1998 (Klett-Cotta).

18 Nach Platons Erkenntnislehre im Höhlengleichnis der »Politeia« und im Siebenten Brief.

19 Es gibt keine überzeugendere Illustration zu diesem Befund als die am 2. Juni 1998 in der *Frankfurter Allgemeinen Zeitung* zu lesende Mitteilung: Das Abhörsystem »Echolon« der Vereinigten Staaten nehme weltweit jedes Telefongespräch, jedes Fax, jede E-mail, jede Internet-Verbindung oder sonstige Datenübertragung automatisch auf. Das seien stündlich rd. zwei Millionen Datensätze, auf denen der Computer 13 000 einer näheren Sichtung für würdig befände (weil man in ihnen Stichworte oder Ziffernkombinationen eingegeben hat). Davon wiederum entsprächen tatsächlich etwa 2000 den groben Suchkriterien – und müßten nun von Menschen ausgewertet werden, wofür die NSA über mehr als 20 000 Mitarbeiter in der ganzen Welt verfüge. Statistisch seien davon wieder höchstens 20 von Interesse – von denen letztlich zwei als Kurzmitteilung ins Weiße Haus gelangen.

20 Es handelt sich um eine Kritik an der Bildungspolitik des Landes Hessen durch den Deutschen Lehrerverband (DLH), den hessischen Philologenverband (HPhV), den Grund-, Haupt- und Realschullehrerverband (VDL), den Berufsschullehrer-Gesamtverband (GLB), den Verband Bildung und Erziehung (VBE) und den Arbeitskreis Christlich Demokratischer Lehrer (ACDL) (FAZ, 23. 1. 1998).

IV. Die Klärung des Gemeinwohls

21 Auftragsforschung und bestellter Rat stehen immer unter dem Verdacht, den Auftraggeber zu schonen; andererseits sind sie gehalten, spezifische Fragen zu beantworten. Sie treffen die Sache meist genauer als die von sich aus unternommenen Forschungen wissenschaftlicher Einrichtungen. Eine »ketzerische Lesart« des Rau-Berichts geben Karin Kleinespel und Klaus-Jürgen Tillmann in einem Aufsatz mit dem Titel »Reformpädagogische Argumente in der bildungspolitischen Debatte – Zwei Fallstudien« in: Jürgen Oelkers und Tobias Rülcker (Hg.): »Politische Reformpädagogik«, Bern 1998. Hier geht es darum, ob pädagogische Argumente die Politik bewegen können. Das Ergebnis heißt: Ja, aber sie können auch von der Politik ablenken.

22 Die Zahlen entnehme ich einem Bericht von Markus Wehner in der FAZ vom 12. 6. 1998.

23 Über die Öffentlichkeit der Parlamentssitzungen habe ich damals radikaler geurteilt: gegen sie.

V. Werte und Sinn

24 Dies geschieht zum Beispiel in einem sogenannten Positionspapier der Arbeitsgemeinschaft für Bildung in der SPD Berlin: Werteerziehung – eine Aufgabe aller Unterrichtsfächer, Positionen zum Religionsunterricht, Weltanschauungsunterricht und Ethikunterricht im Land Berlin, vom 13. Januar 1998.

25 Hierzu liegen mir die »Prinzipien der Organisation fächerübergreifenden Unterrichts – Fächergruppe Evangelischer/katholischer Religionsunterricht und Philosophieren mit Kindern in

Mecklenburg-Vorpommern«, KONSPA 4. DOC (Stand September 1997) und ein Papier von Eckart Schwerin »Die Fächergruppe ›Religionsunterricht und Philosophie mit Kindern‹ als Aufgabe und Herausforderung« aus diesem Jahr vor (noch nicht publiziert).

26 Das Evangelische Konsistorium in Berlin-Brandenburg teilt mir am 24. August 1998 mit, daß knapp 4 Prozent der Schüler an Brandenburger Schulen im Jahr 1997/98 am evangelischen RU teilnahmen – weil dieser aus personellen und finanziellen Gründen nicht überall angeboten werden konnte. Wo er angeboten wurde, stieg die Zahl auf über 20 Prozent. Wie wird es für die Katholiken sein – und wie für Muslime?

27 Artikel 7.3 GG lautet: »(3) Der Religionsunterricht ist in den öffentlichen Schulen mit Ausnahme der bekenntnisfreien Schulen ordentliches Lehrfach.* Unbeschadet des staatlichen Aufsichtsrechtes wird der Religionsunterricht in Übereinstimmung mit den Grundsätzen der Religionsgemeinschaften erteilt. Kein Lehrer darf gegen seinen Willen verpflichtet werden, Religionsunterricht zu erteilen.«